妈妈，青春期我想这样过

—— 解读 12-18 岁青少年 101 种行为

赵莹 ◎ 著

西安出版社

图书在版编目（ＣＩＰ）数据

妈妈，青春期我想这样过 / 赵莹著. -- 西安 ： 西
安出版社，2025. 4. -- ISBN 978-7-5541-8069-3

Ⅰ . G782

中国国家版本馆 CIP 数据核字第 2025RX5403 号

妈妈，青春期我想这样过
MAMA，QINGCHUNQI WOXIANG ZHEYANGGUO

作　　者：赵　莹
责任编辑：徐　妹
出版发行：西安出版社
社　　址：西安市曲江新区雁南五路 1868 号影视演艺大厦 11 层
电　　话：（029）85253740
邮政编码：710061
印　　刷：三河市华东印刷有限公司
开　　本：710mm×1000mm　16 开
印　　张：16
字　　数：206 千
版　　次：2025 年 4 月第 1 版
印　　次：2025 年 4 月第 1 次印刷
书　　号：ISBN 978-7-5541-8069-3
定　　价：69. 90 元

△ 本书如有缺页、误装，请寄回另换

作者工作照

1　我们不想看到孩子有痛苦，
那不是孩子的需求，
而是妈妈内心的恐惧。

2　教育是人与人之间关系的体现，
亲子关系没夯实前，
你的赋能和引导在孩子眼里就是无意义的唠叨。

3　在"朋友"这个定义里，
　　父母并没有优势，父母角色失守，
　　一味充当朋友，未必是好事。

4　"宝贝，你就是妈妈最喜爱的宝"，
　　这样的话不要再对十几岁的孩子说，
　　只会让孩子特别反感！

作者生活照

作者生活照

5　有时候，
我们看不惯孩子某些特性，
本质上是不接受自己的某些部分。

6　对抗父母的担心，
是青春期孩子获得价值感、力量感最直接、最快速的通道，
我们的担心往往会变成孩子发起挑战的动力来源。

作者工作照

7　喜怒哀乐是一个人基本的情绪权利，
　　只哄他开心就是在为孩子的快乐负责，
　　说明我们不相信孩子有能力处理糟糕的情绪。

8　家长为了证明自己是对的，
　　不惜贬低孩子的审美、判断、相貌、择友能力，
　　这样的沟通只能是不欢而散。

前 言

作为一个教育行业近 20 年的从业者，同时作为两个青春期孩子的妈妈，在阅读赵莹女士的著作后产生强烈共鸣。家庭，作为孩子们成长的首个且最重要的环境，承载着教育、引导和爱的使命。特别是当孩子步入青春期，这一人生的重要转折点时，家庭教育与亲子关系更显得尤为重要。当我们谈论家庭教育时，实际上是在谈论一个永恒而又至关重要的话题——如何引导下一代健康、快乐地成长。在生命的旅途中，家庭教育如同指南针，引领着孩子们迈向未来。而亲子关系，则是这段旅程中最宝贵的财富，它凝聚着爱与信任，是孩子成长的坚实基石。然而，当孩子们步入青春期，这段关系往往会面临前所未有的挑战与变化。为了帮助父母们更好地应对这些挑战，赵莹女士精心撰写了这部关于家庭教育、亲子关系与青春期的书籍。这本书，如同一盏明灯，为我们在这一阶段的家庭教育道路上指引方向。在此，我荣幸地为大家推荐这部极具价值的作品。

赵莹女士以其丰富的教育经验和敏锐的洞察力，深入剖析了青春期孩子的心理变化、行为特点以及家庭教育中的种种难题。她以真挚的笔触，记录了众多家庭的困惑、挣扎与成长，为我们提供了一系列切实可行的教育方法和策略，帮助父母们更好地理解和应对这一特殊时期的挑战。

在这本书中，赵莹女士首先强调了亲子关系在家庭教育中的核心地位，亲子沟通的重要性。她认为，良好的沟通是建立和谐亲子关系的关键，良好的亲子关系能够为孩子提供安全感，增强他们的自信心，从而更好地面对生活中的挑战。她提出了多种方法来建立和维护和谐的亲子关系，如加强沟通、增进理解、尊重孩子的选择等。这些建议不仅有助于改善亲子关系，还能促进家庭和谐，为孩子的成长创造一个温馨、和睦的环境。

青春期是孩子们成长的重要阶段，也是他们心理变化最为剧烈的时期。赵莹女士在书中特别关注了青春期孩子的心理健康问题，并给出了相应的解决方案。她强调了父母在孩子心理成长中的重要作用，鼓励父母们多关注孩子的情绪变化，及时给予关爱和支持。这些建议对于帮助孩子们度过青春期心理困境，培养健康的心理素质具有重要的指导意义。

总的来说，赵莹女士通过生动的案例，展示了她是如何聆听孩子的心声、理解他们的需求，并引导他们健康成长。同时，她也提醒父母们要尊重孩子的个性给予他们足够的空间与自由，让他们在探索中逐渐成熟。家庭教育是塑造孩子品格、价值观和行为习惯的重要力量。在书中，她详细阐述了家庭教育的原则、方法和技巧，帮助父母们更好地引导孩子树立正确的价值观，培养良好的行为习惯。

除了针对青春期孩子的教育建议外，赵莹女士还在书中探讨了家庭教育的整体原则和策略。她强调，家庭教育应该注重孩子的全面发展，包括智力、情感、身体和社会适应能力等方面。同时，她也提醒父母们要关注自身的成长和变化，与孩子共同成长，共同面对生活的挑战。

总之，这部关于家庭教育、亲子关系与青春期的书籍是一部极具价值的作品。它为我们揭示了青春期孩子成长的奥秘，为我们提供了实用的教育方法和策略。我相信，每一位父母都能从中获益匪浅，与孩子们共同成长，迎接美好的未来。在此，我衷心地向大家推荐这部书籍，希望它能成为您家庭教育路上的得力助手。

毕蓉女士

2024 年 7 月于北京

毕蓉女士：澳大利亚弗林德斯大学教育硕士、原某卫视教育板块青少中心主任、现北京电视台培训中心青少年艺术考级及语言艺术教师培训项目负责人。

目 录

第一章 关系紧张之答案

第二章　情绪对抗之答案

第三章　学习懈怠之答案

第四章　躺平摆烂之答案

第五章 父母头疼问题之答案

第六章 父母成长之答案

第七章　如何让孩子更优秀之答案

第八章　性教育与早恋诱惑之答案

第九章　金钱与青春期之答案

第十章　我们身边真实发生的改变

第一章

关系紧张之答案

在生命中出现的各种关系形态中，所有的关系都会因为爱而在一起，只有亲子关系是为了分离。

在临床的个案中，我们解决的所有表面的"行为问题""亲子矛盾"等等，实际上都是在解决关系问题。

顺畅的关系胜过对孩子说教本身。关系顺畅，一切的一切都不是问题；关系不顺畅，一切问题都会变成更大的问题。

先有关系，再谈教育。如果父母能明白，与其花很大精力引导教育孩子，不如把更多精力放在关系的建立和夯实上，那么父母就会发现，一切都在往好的方向发展。

年少轻狂是正途，叛逆是孩子的自救

老朋友都知道，我是青少年心理工作者。我每一天都和孩子们在一起。

青春期，一个绕不开的话题，这个阶段的孩子身心发生了巨大的改变，而带引号的"叛逆行为"，就像一颗等待萌生的种子，时时刻刻在孩子的身体内蠢蠢欲动，这时候的父母也如临大敌。

一边是孩子渴望被成人世界认同，通过叛逆的行为向全世界宣誓：我长大了，我再也不是父母手中的棋子，我急切地等待着自己破茧而出。一边是充满焦灼、不解、愤怒的父母。"我眼中那个乖孩子去哪儿了，我的强权怎么没有用了？"这样矛盾的画面，在青春期的家庭比比皆是。

爸爸妈妈可曾想过：

叛逆，这两个字本身的解释，是对来自外界的束缚和限制的反抗。

我们曾经刻意为孩子竖起的各种遮挡，在成人眼里是严密的保护。但在孩子成长过程中，当他逐渐有了力量，曾经的保护就变成了孩子首要挣脱的目标。矛盾一触即发。

事实上，当我们指责孩子叛逆的同时，也暴露了这叛逆的根源，就是在家庭系统当中，我们过度的保护，演变成了控制和压制。

父母有意无意的束缚，会让正在寻找自我的孩子无所适从甚至反感至极。

我们指责他们不听话时，是否反省过自己，束缚了孩子的身心发展。

什么时候，听话变成了我们衡量亲子关系的唯一标准，孩子没有足够的空间去探究自己，去理解生命，他们终将无法独立。

十几岁的孩子，不轻狂枉为少年。

叛逆不是不可原谅的错误，更不是没有答案的难题。

世界上，所有的爱，都是为了在一起，只有亲子之间的爱是为了分离。

孩子的所有行为，最终都在为成为他自己而努力！

让我们静静地陪着他们，去观察、去了解孩子真实的想法，回忆一下曾经少年时期的自己。真正的爱和关心，沟通和理解，才是解决问题钥匙的根源。

青春期绝对不能碰这个雷区

青春期的孩子有一个绝对不能碰的雷区，就是孩子的隐私。

一天晚上闺蜜打电话，声嘶力竭地号啕大哭："为什么呀！为什么呀！我怎么对不起我儿子了，他要这样对我！"她和儿子发生了激烈的冲突。

了解了事情经过，我告诉她："孩子吼你一顿，你真的，不冤枉！"

孩子上高中了，期中考试没考好，有四科没及格。闺蜜看见成绩单就炸锅了。她想知道孩子每天点灯熬油的不睡觉，为什么还是这样的成绩！然后就做了一件特别不可思议的事：在孩子房间里偷偷安装了摄像头。

其实我说到这里，大家就应该已经猜到结局了。没错，孩子发现后把家里的音响、茶几、电脑全砸了，然后和他妈妈说："你记住，我就是一个失败的人！我就要做一个失败的人！以后我出去讨饭都不用你管，但你再敢窥探我的隐私，你试试看！"

说实话，我挺理解孩子的，虽然过激，但又在情理之中。十几岁的孩子**极其看重自己的隐私，父母没有边界的行为会让孩子的防御机制开到最大。**

你觉得孩子有隐私会让你担惊受怕，可孩子觉得你在侵犯他的自尊！你可能担心他会成为不良少年、会看网上的成人电影、会背着你抽烟等，但事实上，不管你怎样去窥探他的隐私，你有多么警觉，孩子想做的时候一定会做，只是会更加隐蔽、不轻易被你抓到而已。

所以当青春期来临，**对于不良事件最好的预防，就是和孩子保持和善而坚定的亲子关系。明确地表达父母的底线，但同时不忘向孩子表达爱！**要让孩子们知道，无论他的生活中发生了什么事，他这个"人"对爸爸妈妈才是最重要的。

为什么不能和青春期孩子硬碰硬？

青春期是什么？是孩子破茧成蝶、自我整合、打碎重建的阶段；是孩子荷尔蒙爆棚、自己都控制不了自己、躁动难安的阶段；是身体发育带来了情绪多变、心里像着火、夜里失眠、自己也想变好，但就是找不到方法的阶段。

面对一个身体发育接近成人、思维还在混乱的"火药桶"，硬碰硬，你想过后果是什么？这个时候，智慧的父母面对"火药桶"要注意三件事。

一、回家不要只谈学习

孩子回家已经很累了，别再和孩子只谈学习。我们太忽略孩子的感受，孩子的挫败感不缺爸妈的一句讽刺和责骂。多给孩子点温暖，哪怕只是单纯地聊天，说点他感兴趣的话题。

二、收起你的小伎俩

很多妈妈总会侧面提醒、说教孩子。孩子长大了，收起咱们的小伎俩，否定孩子、拿孩子做比较、激将法、旁敲侧击，都会让孩子马上爆炸。

三、不要总觉得孩子就得管服才行

如果你觉得硬碰硬都不过瘾，还必须把孩子管服了为止，一切方法全用上，把孩子的自尊踩在脚下。我只能说，真的别让你的无知害了孩子。

在青春期里，家长难，孩子更难。一个不成熟的小脑袋，安在一个已经快成熟的身体上，这样的小怪物每天都承受着身体和精神的双重折磨，他急迫地想要找到他自己。他要完成蜕变，就要先知道"我是谁"，然后才能前行。

这个时候，亲子关系高于一切！

孩子什么道理都懂，大道理家长说了没用就少说或不要说，多一些信任多一些尊重，少一些控制和责骂，让孩子都能顺利度过人生最难的阶段。

路虽难，但你要相信，风浪一时有，不会一直有。没有哪个孩子会一辈子处在青春期，咱们挺住，那就是柳暗花明。

把孩子当朋友？我倒是有些不同看法！

总有人问我怎样才能和孩子做朋友。很多家长为了能和孩子处成朋友，花心思一起逛街、吃饭、刷剧。

孩子乖的时候母慈子孝，说说笑笑，处得像闺蜜一样；当孩子叛逆作妖，需要教导、引导、立规矩的时候，父母的角色就崩塌了，问题随之而来。

我建议和孩子做朋友前先把爸爸妈妈的角色当好，给予孩子该有的教导、规矩和爱，然后再提做朋友。

首先，和孩子做朋友这件事本身没问题，但前提是要先当好爸妈，这个角色要立得住！没当好爸妈就急于做朋友？孩子在成长过程中有的是朋友，真就缺少我们这两个比他大将近30岁的"老"朋友吗？

其次，孩子成长过程中必然需要朋友，但指的是同龄人之间的交流。他们更懂彼此，可以一起疯一起闹，没有说教，也不存在规矩和引导，彼此之间没有需要相互承担的责任和义务。

而父母非要硬生生地挤进来当朋友，我们的优势在哪？是比他们现在的朋友更另类、更酷，还是和他们更有共同语言？显然都不是。因此，在"朋友"这个定义里，父母并没有优势。

更重要的是，孩子除了朋友，最需要的其实是一对合格的父母。**父母除了像朋友一样理解孩子，还有更高级的功能——陪伴、呵护和教导。**

父母和朋友之间最本质的区别是：我们尊重孩子，但和孩子并不平等，我们比孩子拥有更多的资源和经验，有判断力，我们必须要担负起给孩子提供成人前教育的责任。在他们迷茫时给予指导，在他们失去理智时、没有原则时把他们及时拉回。

共情孩子的同时，我们一定不能忘了教导孩子，该有的规矩决不能缺失。

这一切都基于孩子认同我们作为父母的角色，对这个角色有尊重、有敬畏，才可能听得进我们的引导，遵守我们之间的约定。

比如，孩子和朋友在一起可以随时飙出脏话，但和父母在一起就一定不可以。这是孩子走入社会、与其他人建立关系的前提。请问，一个不懂得尊重爸妈的孩子，是否能尊重老师和长辈？

和孩子做朋友指的是我们要接纳和尊重孩子，而不是放纵和躺平。在一个家庭里，妈妈给予包容和爱，负责孩子的情绪管理；爸爸则要培养孩子的意志和格局，为孩子奠定正确的三观。孩子有稳定的情绪、有责任、有担当和远大的抱负，才会拥有美好的未来。

在我们还没有当好爸妈的时候，就先别想怎么和孩子做朋友。先把父母的角色做好，才是对孩子最大的负责！

披着华丽外衣的骗局：亲子关系中的情绪倒置

太多的妈妈本意是希望和孩子平等地谈心，比如聊自己的工作、生活甚至自己原生家庭的一些困扰或伤痛，但是聊着聊着就谈到了自己在工作中遇到的排挤和不得志，把自己在社会生活中压抑、焦虑、处理不了的部分都扔给了孩子。

这时我会问妈妈："你和孩子聊这些内容的时候，你的感受是什么？"妈妈一般会说："我在赋能孩子呀！我要让孩子知道，社会规则不是围绕他转的。我在给他讲道理，让他知道，每个人都是有痛苦的，生活就是这么艰辛。"

当一个妈妈在孩子面前滔滔不绝地输出：

你上学这点事算什么呀，学生现在是最轻松的，你想想妈妈在单位是怎么被人穿小鞋的？

孩子，你现在面对的生活和学习是最简单的时候，你知道我被领导排挤，做的方案被别人盗取，我的内心是什么感受吗？

……

可我们有没有想过，在诉说自己不幸遭遇的过程中，我们会变成什么样？会不会越说越生气，直接被带入当时不幸的情景？我们被唤起情绪后，是不是完全无法把事件和情绪剥离？

更直白地说就是，在给孩子讲道理的过程中，我们越来越投入，越来越上头，最后变成了向孩子发泄情绪。

这就是亲子关系中的情绪倒置，简单点说，就是我们把自己的负面情绪通过一个倒垃圾的过程，放到了孩子身上。

这个过程中，父母不断描述事件时的情绪，回到那个无助、恐惧、愤怒、焦虑、负面甚至丑陋的状态下，带动自己把不好、糟糕的情绪一股脑全对孩子倾泻而下。而孩子本身并不具备溶解父母焦虑的功能，但是为了爱妈妈，他们认真地倾听、分析，给出最大的安慰，去消化溶解这份本不应该由他们承受的焦虑。

但是，孩子持续对自己的感受做着判断，从而对这个世界做出判断：

这个世界是安全的吗？

我是安全的吗？

世界是丑陋还是美好的？

我值得为这个世界的其他事情做出更多的努力吗？

如果父母总是把自己的情绪垃圾倾泻给孩子，在孩子心里，这些问题的答案会是什么样的，孩子内心对这个世界的判断是经由父母的体验而来，这对孩子来说是不公平的。

在我的个案中，将近一半的孩子会出现"无意义论"。他们觉得人生就是虚无、空洞、毫无意义，现在所有的卷、所谓的努力，最终都是无意义的。

孩子的原话是："如果我像我爸妈这么高学历，挣那么多钱，上班还是那么痛苦，讨厌老板、讨厌同事。或者只会歇斯底里地摧残自己的孩子，通过孩子来满足他们的虚荣心，这有什么意思啊。我将来肯定不结婚，我一定不会像我爸妈似的，再摧残我的下一代。"

孩子其实特别通透！

所以，千万别再把亲子关系中情绪的倒置，扣上华丽正义的帽子了——我和孩子是朋友、我和孩子是平等的好闺蜜，所以我就可以向孩子倾诉我在生活中的种种不幸，我就可以肆意地将我人生中的不得志、无助等找不到出口的负面情绪发泄在孩子身上。

咱们每一个人都有自身需要去处理好的事情，在任何一个系统里，你都有自己的角色，收拾好自己，是我们每一个人的首要责任。

百试不爽的"温柔套路"，青春期最吃这一套

与孩子交流是我的专业，积累了上千个孩子的案例。面对青春期的小怪兽，咱们也得来点有温度的套路。

这些套路是和孩子聊天的底层逻辑，实际上都蕴含着心理学的核心技巧。无论在我儿子身上还是个案中，都屡试不爽，简单好学且效果显著。

一、儿子，谢谢你把喜欢的歌分享给妈妈

底层逻辑：和孩子多聊与学习无关的话题。

怎么聊？就按照你平时和孩子沟通的常规方式聊，怎么舒服怎么聊，双方都自然地流淌着情绪。

聊到什么程度？举例说明，比如孩子喜欢聊摇滚，聊到孩子愿意把他爱听的音乐推送给你，这个状态就找对了。

再强调一下，孩子这样分享给你了，你可千万别又开始说："哎哟，听得妈妈脑袋都快炸了，这哪叫歌啊！"咱们不做这种负面评价！千万别把刚刚建立好的亲子关系一下又打回原形。这时候家长只要表达出："儿子，谢谢你能把喜欢的东西分享给妈妈，谢谢你能让妈妈知道你们年轻人现在的潮流是什么。"这样就足够了。

二、妈妈上学时候也这样

底层逻辑：是给孩子足够的共情和鼓励。

当从孩子那里听说了在学校或者校外发生的事，我们就可以用刚才的话来回应他。

孩子如果说了稍微有点出格的事，别大惊小怪，不指责批判，就告

诉他，妈妈年轻时候也有过这种经历，是不是瞬间就把你和孩子统一到同一个阵营了？

这样的氛围下，孩子必然愿意开口和我们多交流。知己知彼就此开始啦！

三、孩子，妈妈感受到你也想调整到更棒的状态。

底层逻辑：让孩子明白你看到了他积极的一面。

青春期的孩子，身体和心理都在急速发展，所以情绪非常不稳定，时而焦虑，时而抑郁，面对压力还会出现恐惧，这个时候的孩子其实是无助的。

但事实上，每个孩子心里对自己都有要求，没有一个孩子不想成为好孩子。 作为父母要先看见孩子积极的一面，善于正向引导，我们可以替他说出来："孩子，妈妈能感受到，你也特别想调整到更棒的状态，咱们一起慢慢来。"

给孩子点时间，接纳当下他不够好的状态，接纳当下他的纠结状态。

四、你需要我的时候，我一直都在啊！

底层逻辑：让没有安全感的孩子感受到来自我们的能量。

心理学上，一个行为失调的孩子，内心都是极度渴望爱的。青春期是孩子的非常时期，孩子越叛逆，我们越要明确地、直接地表达爱，告诉他们无论结果多糟糕，爸妈都在。

孩子感受好的时候才能做得更好，和孩子闲聊的过程中，咱们可能没给什么具体的建议，但这些有温度的话，能让孩子感受到父母无条件的爱和支持。让爸爸妈妈每天在点点滴滴的生活中滋养孩子的心，润物无声，但却饱含力量。

三道测试题告诉你，当下能不能批评孩子？

爸爸妈妈经常说，青春期的孩子真的像变了个人似的，以前特别懂事、特别乖巧，现在就是一个炸药桶，一点就着。

孩子十岁之前，我们有着无与伦比的权威，控制着孩子的一言一行；青春期来了，父母就发现，以前有多牛，现在就有多怂。

爸爸妈妈看到孩子的不良行为，看到孩子对自己未来不管不顾的状态，真的做不到视若无睹！可是想和孩子沟通，又不敢讲，不知道用什么方法交流。

我们先做三道自测题，如果这三道题都是绿灯，那么和孩子之间的引导，就可以逐渐建立起来。

一、自测和孩子的亲子关系状态

先给这个关系状态打个分吧！

孩子平时愿意理你吗？ ☐

孩子平时和你说的废话多不多？ ☐

孩子如果心里有事，是否愿意向你求助？ ☐

你们的亲子关系是否夯实？ ☐

如果不夯实，第一条都亮红灯，那就赶紧往后撤，说什么都没有用，因为交流的通道就没建立起来。

二、看看自己情绪稳定的程度

现在的你稳不稳？如果自己的情绪是非常波动、焦虑且愤怒的，千万别开启话题，因为这时候的你，特别容易把自己的情绪投射给孩子。

现在的你不是客观的、临在[1]的，也不趋于解决当下的问题，只是来发泄情绪。

我们代入了自己的不良感受，就会给孩子造成很强的羞耻感、恐惧感，把这些多余的情绪发泄在孩子身上，只能让孩子逃离得更远，没办法开启真正的沟通。

三、观察孩子的情绪状态

这段时间，孩子的整体状态怎么样？身体、精神、情绪是否有能量支持他做接下来的调整。

如果这三点测试都是绿灯，那恭喜你，现在的亲子关系还不错，也具备和孩子交流、引导孩子的基础能力。**但要提醒大家一句，千万别没完没了地唠叨。**

---

[1] 临在：有觉察力地安住于当下，活在当下。

和青春期孩子交流的秘籍

面对青春期的孩子，哪个父母都想和孩子无话不谈，亲子之间有信任、有引导。但孩子都是高敏感人群，无比通透，你想通过这次谈话达到什么目的、绕几圈能绕到让他们努力学习这件事上，孩子们都一目了然。

今天和16岁的儿子做了个"坦白局"，详细拆解一下，为什么青春期的儿子和我能从曾经的激烈对抗，到现在的无话不谈？

我一定是做对了什么。

一、鸡娃不如激励自己

青春期的娃最不愿意听的就是妈妈的建议。我们的道理越对，交流的效果就越差。

比如，我儿子刚进入青春期时情绪很激烈，虽然我是心理咨询师，但我没有主动和孩子在这方面没完没了地聊，显得我似乎多么权威、能提供多大帮助。这会让他更反感。

孩子什么都懂，我们说那么多，不如做点实际的。这个实际的事不是为了他，而是为咱们自己而做。

孩子和我聊了一件小事，给了我极大的启示：

他们当年准备中考时，英语听力考试占40分，孩子们都认真备考，希望能满分通关。他的一个同学认为听力考试有难度，很发愁。我儿子自然而然提出来的解决方案是让这个同学在家里模拟考试，妈妈念，他听写。但同学诧异地说，现在的这个难度，他妈妈已经不会了。孩子后来和我交流这件事情时说，他意识到："我的妈妈还是可以的，至少一直在提高着自己，到了关键时刻还能帮到我。"

说这个并不是让大家都去帮助孩子辅导功课，而是想告诉大家你需要知道孩子真正在意的是什么。你要求孩子的同时，对自己有没有要求？身教远远大于言教。不能总是嘴上唠叨孩子，自己却整天刷手机。

二、儿子觉得妈妈还挺会聊天，所以就不那么烦我了

我与儿子聊天时，并不是一味迁就他、认同他。我有自己的想法，当然是基于认真听了他的聊天内容，再和他自然地交流，各抒己见，我可能还会找一点论据来支撑我的观点。

聊天重在专注，要聊孩子想跟你分享的，不设防、不带目的性，不是为了最后绕到学习上。

总之，他觉得和妈妈聊天平等、有意思，同时觉得妈妈的观点还能让他有点收获。这就是潜移默化的影响。

三、找对纾解情绪的方法

儿子上初中的时候，我怀了妹妹。儿子不想让我操心，尽管有时候情绪特别烦躁，但是他都选择了向内和自己较劲。

后来回忆起那段经历，孩子说感觉真的很煎熬。但特别开心的是，孩子总结出了两个能帮他走出焦灼情绪的特别棒的方法：

1. 自由地书写

想到哪儿就写到哪儿，没有题材，没有逻辑，只要能抒发自己的情绪就可以。

2. 在阳光下大汗淋漓地运动

孩子喜欢什么运动，就鼓励他去做什么运动，最好是户外的，强度能大汗淋漓，内心有痛快的感觉最好。

儿子说在他最郁闷、最烦躁、最不知所措时，这两条是帮助他甩掉不良情绪非常有效的方法。

爱和规则并不冲突

孩子挑剔父母，还出口伤人，甚至看不起父母，是不是真的很扎心？十六七岁的孩子已经接近成年人、形成了自己固定的价值观，换句话说，"妈妈是什么样子，妈妈用什么样的模式向我表达爱，我是什么样子，我反感妈妈用什么方式和我交流"，其实都已经固定下来了。

我们和孩子沟通要注意做到"一致性沟通"，就是妈妈接纳、尊重孩子的感受，同时妈妈也尊重自己。这里说的"尊重"包括三个方面：

1. 妈妈尊重孩子；
2. 妈妈尊重自己；
3. 妈妈和孩子都需要尊重当下的情形。

当我们用心准备着饭菜的那一刻，孩子可能也在他的情绪状态里面，他可能并不是因为饭菜不可口，而是其他事情干扰了他，于是把火发泄在了妈妈身上。

如果妈妈当时感受非常不好，可以平静地和孩子沟通："其实妈妈每天做饭都很用心，特别想让你吃好，但你每天用这样的语言跟妈妈说话的时候，妈妈也容易上头，也觉得挺委屈的。"

我们可以表达愤怒，但尽量避免愤怒地表达。

我们可以完全一致地表达自己的委屈，表达我们认为"这样和妈妈讲话是不好的，你这样做，也会伤害到我"，但不必是那种情绪上头、情绪对冲的表达。

我们知道情绪上头时，对面的人看到你无法掌控情绪、暴怒的样子，他也会镜像反射，这个时候其实是非常不利于帮助大家解决问题的。

表达自己的愤怒和委屈本身没有问题，但我们要注意一下表达的形式。不必因为孩子高三了，我们就特别忐忑、畏手畏脚，原来能说的，现在都不说了，不需要过度小心翼翼。有的时候我们会发现，家长过度的小心翼翼对孩子也是一种压力。

孩子形形色色的小毛病，为啥总能激怒父母？！

很多家长总会向我抱怨和描述一些孩子具体的缺点："哎呀，我烦透孩子的某个缺点了，这个缺点一出现，我简直就无法忍受，控制不住自己的情绪！我就要跟他干到底！"

比如出门前总给你弄点稀奇古怪的事："妈妈，我还得上趟厕所。""我好像还要找点什么东西。""我再喝口水。"反正就是不能利利索索地出门。

大一点的孩子总爱当出头鸟："你说你都这么大了，非得跟二百五似的，人家怎么不站起来去抗议这件事啊！怎么就显着你能耐呢！"

还有很多诸如此类的小毛病，虽然谈不上性质恶劣，但总会轻而易举地触碰到我们敏感的神经。

看不惯孩子一般有两种情况：

一、看不惯他人是一种投射效应

从心理学角度讲，这是一种将自己不能接纳的情感、冲动或愿望，投射到另外一个人身上的行为。

例如小时候，我们被告知女孩子不许娇滴滴地撒娇，要好好说话；站着的时候不能靠着门框，要站直了。长大后我们就会看不惯那种"娇滴滴地说话、身体和语言都在撒娇"的女孩。

在潜意识里，撒娇被赋予的标签是不好的，我们既然觉得撒娇是不好的，就会与它划清界限，这样才能回避我们自身的焦虑。

当孩子出现某种行为，而这种行为在潜意识里是不被我们接纳的那部分，我们就会批评他们、纠正他们！

二、看不惯他人也可能是羡慕

还有一种是当我们看不惯别人的某种行为时，是否发现有不能察觉的一丝羡慕？

当我们看不惯别人肆意地做自己、能够为自己争取利益的时候，其实我们也想像他一样如此自如地去打开自己，也想像他一样去表达、去争取。

所以有时候我们看不惯孩子的某些特性，本质上是不能接受自己的某些部分。

可能是我们从小到大对这种特性过于匮乏，一看到这个品质，就会给我们自身造成一定的自卑感和不适感，所以这个时候我们就又开始教训孩子了。

咱们总说，妈妈的情绪决定孩子的未来。**作为成年人，咱们越接纳自己，就越能接纳身边的人。**

你会发现，当你看不惯孩子的某些特征越来越少，你的亲子关系会越来越融洽。这时候真不见得是孩子做得更好了，而是你更接纳了自己，同时也变得柔软，更接纳了我们的孩子。

当你不喜欢孩子的朋友时

很多父母会觉得孩子处于青春期，交友问题要非常慎重，不小心交到不好的朋友，就会万劫不复。但是处于青春期的孩子自我意识比较强，很反感父母干涉他们的生活。

说与不说？都是问题。这时，就需要我们智慧的父母，用有效的方法引导孩子正确交友了。

首先要明确的一点是关注孩子的交友问题再合理不过了。

要知道，孟母尚且三迁！孩子选择和什么样的人做朋友，确实会对孩子造成很大的影响。

但你发现了吗？当你激烈地要求孩子不要和×××做朋友时，换来的却是他们彼此之间更加牢固的友谊和更加忠诚的心。

生活中，我们不可能一直跟着孩子，在"和谁做朋友"这件事上，也很难从本质上插手，但可以试试这个方法——**欢迎孩子的朋友们到家里来做客。**

每次期末考试结束，我们家基本就被儿子带回来的一群大男孩们给占领了。放假他们看世界杯，我还会给他们订好外卖，再搞点小龙虾，孩子们特别开心。如果玩得很晚了，还会在我家过夜，当然我肯定会征得他们父母的同意。

在这一来二去中，你就会对孩子的朋友包括他们的父母增加了解。妈妈营造这样特别舒心的环境，对孩子们也会有积极正面的影响。如果孩子的某个朋友真的很不好，他可能也会拒绝来你家里、拒绝和你们进行面对面的交流。

孩子长大了，不管我们是否承认，他们的一些行为的确会让父母担心甚至恐惧，比如因交友不慎产生的安全问题。

但我们是成年人，这时候要先把自己的情绪放一放，把孩子的对错也放一放，只是去想**如何能够成功解决当下的问题，直面自己的担心和恐惧**。

一下子解决不了的问题就拆开看，比如控制不了孩子交友，那就让孩子在我们的可控范围内和朋友交流，参与他们的互动，用热情积极影响孩子们，也成为他们的朋友，这样一小步一小步地前进着。

青春期一时有，但不会一直有，十几岁的孩子也终将长成大人。而父母也要从孩子的"监护人"过渡到"默默的陪伴者"。成长不可能一帆风顺，面对成长中的风险，是孩子长大过程中重要的一课。

家庭隐形PUA：给孩子制造愧疚感

愧疚感是人类最难熬的一种情感，被原生家庭伤害过的孩子，往往都带着对父母极大的内疚负重前行。人生才刚开始，却已经负债累累。那他们又如何能获得勇气，去面对未知的独立生活？

这些话你熟悉吗？

"你就是个白眼狼！你对得起我吗？"

你在童年听过吗，又或者对孩子说过吗？

我曾经有个案例：

妈妈经常会在孩子面前哭，诉说自己的各种不容易，甚至会跪在地上抽自己嘴巴。不断控诉生完孩子之后自己生活改变的种种证据，控诉爸爸和爸爸的整个家庭。这个场景想想都是一个恐怖片，会给孩子造成很深的愧疚感和负罪感，让孩子觉得自己就是个罪人。

妈妈因为生了我，而遭受了这些。

作为父母，我们的确为孩子付出了很多，但不代表孩子欠我们的。

愧疚感，是最沉重的一种感觉。家长不断强调自己的付出，从而给孩子制造愧疚感，感动了自己的同时，还用这种感觉来操控孩子。

在亲子关系中父母把自己置于制高点，孩子一定从开始就会被愧疚感控制，用自己的实际行动或者语言讨好父母。当孩子不断讨好之后，积压的愤怒情绪就会被激活，然后会出现经典的一幕——父母一生都在等待孩子道谢，而孩子的一生都在等待父母道歉。

没有人愿意被控制、被安排，即使是自己的父母。那样只会让孩子觉得他的人生是如此沉重、压抑甚至负债累累。这样的亲子关系将来也会影响到他的亲密关系。

　　家是港湾，孩子有了对家的依恋和归属，才能找到他自身的价值。父母要做的是庇护孩子的身体，而不是操控他的灵魂。

过度期望是搞砸一切关系的开始

生活中，我们每个人都想让身边的关系稳定并可控。

想让老公一直温柔呵护；想让孩子知道妈妈有多爱他，有多不容易；想让妈妈知道，女儿也是很辛苦的，您别再唠叨我了；想让婆婆知道，我为这个家为您儿子付出了多少。

当我们所有的期待能达成，我们就会默认自己是幸福的，是被爱的。但这个时候，我们可曾想过，**所有的期待都是向外的，而外在的东西都是变量。**

我们的快乐来源于此，痛苦也通过这样的期待而产生。因为我们想要一个变动的东西被抓住、被控制，从而保持不变，怎么可能会如我们的心愿？**想让周围的人和事都像我们期待的那样演变和发生，本身就是不可能的。**

在我们的期待里，有对爱人、亲人、孩子的，每一个关系的变化、每一个人物的变化，都会牵动我们的心。

当这些变化不朝着我们期待的方向发展时，我们就会产生焦虑、恐惧甚至愤怒委屈。如果变化很大，我们的世界就会随之崩塌，巨大的痛苦感会扑面而来。

我们不妨静下来看一看：**我们现在的期待是都合理吗？** 所有过度的期待是搞砸一切关系的开始，也是让我们走向痛苦的始作俑者。

父母和青春期里的孩子应该保持什么样的距离？

世界上所有的爱都是为了在一起，只有父母和孩子的爱是为了分离。孩子在青春期所经历的一切都是在为这次分离做努力。这时候，孩子需要完成和母亲的割裂，实现真正意义上的独立。

期间，孩子会通过反抗、挑战寻求权利感，也会想起父母曾经带来的伤害，继而报复父母。在父母眼中这一切叛逆行为，恰恰是孩子完成自我蜕变的必经之路。

这时候的孩子最需要的是自主感和力量感，他们需要空间和时间去思考、去完成"我是谁"的自我整合，如果这个阶段亲子关系过于亲近，会对孩子产生干扰，甚至会引起孩子的逆反情绪。

他们会觉得"你们怎么那么烦呀，不懂我还老想操纵我"，很多孩子还会在门上贴类似"非请勿入"的警示标识。这都是他们的内心独白。

青春期家长和孩子保持什么样的关系是最好的？我的答案是：跟孩子的距离越远越好。在这个特殊阶段，孩子本就容易情绪波动，减少频繁互动，适当地回避是当下最明智的选择。

父母真的要用心体会一下孩子真正的需求是什么。我们往后退几步，别唠叨，也不要打听孩子不愿意分享的事，停止没完没了地讲道理。

青春期孩子需要的陪伴是无声的。我们会发现，当我们和孩子的物理距离远了，学会放手、闭嘴，沟通变得容易时，心灵距离反而更近了。

小心翼翼呵护孩子，怎么问题却越来越多？

我们从小挨打挨骂，学校体罚都是家常便饭，可我们觉得童年挺幸福。再看看现在的孩子，打不得骂不得，却动辄抑郁、厌学、焦虑。到底为什么？这是很多家长都有共鸣的疑惑。

以下三点我们可能还没有觉察到，但确实是引发这个疑惑的重要原因。

一、社会生态的彻底变化

最大的变化就是人与人之间的链接少了。以前我们大多住平房，还有村落，谁家有事，招呼一声，全院人都出来帮忙。那时候生活虽然没有现在这么便捷，但是人与人之间的情感流动是非常充沛的。

这种自然的交流使得每个人的价值都被充分体现。在人类幸福感中，有一个特别重要的指标叫社会性。

一个人对别人做出贡献时就体现了自己的价值，社会性就会体现得很充沛，心理状态也会更健康。这印证了为什么以前我们没有那么多钱，没有那么好的物质条件，但我们却比封在每一个格子间、每一个单元门里面的孩子更幸福。

二、体力劳动本身就是一种治愈

我们在做一些抑郁焦虑的治疗时，会让来访者增加一些运动量，这对缓解心理压力有很好的作用。

过去人们的生活、工作方式更多依靠体力劳动，现在更多的转成了脑力劳动。

生活、工作方式的迭代，体力劳动和脑力劳动整体的比例转换，对人的心理产生了翻天覆地的变化。想得多动得少，在这样的条件下抑郁的比例会大幅提升，这是一个自然规律。

三、孩子的情绪发泄口基本没有了

咱们小时候被爸妈骂，或者被老师罚站，转头出校门就可以和小伙伴痛快玩耍。抓蜻蜓、跳皮筋、翻墙、爬树，一折腾，这些负面情绪基本不会积压很长时间。

过去的孩子的情绪出口要比现在多很多，情绪流动使得他们没有焦虑，不会有心理负担。

小伙伴之间也会吵架打架，父母很少会说"我今天找你爸去""明天我找老师去"。孩子们不用小心翼翼地担心自己哪里做得不对，可能会被对方家长找。现在家长、老师都怕孩子闯祸，有点风吹草动就草木皆兵，这种情况会让孩子的社会性大幅降低。

他的情绪没有办法流动起来，父母对孩子的负面情绪如果没有及时解读和接纳，孩子找不到出口，就会向内看、往里压，出现自我攻击甚至自我伤害的行为，抑郁就这样产生了。

孩子的需求和我们那个时代不一样了，从保障生存、保障安全变成了情感和精神的需求。孩子不是变矫情了，这是时代发展的必然结果。

仇视父母，出口伤人，父母与其绝望不如这样

在和我做咨询的家庭中，只要是半夜收到信息，一定是妈妈崩溃哭着把孩子的语音转成文字，截屏发给我。孩子口出狂言，甚至爆粗口，让爸爸妈妈滚，说"你们怎么不去死啊"！

这个时候，我理解，没有一个妈妈会不绝望、不心碎、不想放弃，但我通常会和姐妹们说："先冷静冷静，别和一个愤怒的、不冷静的小狮子进行对抗，两败俱伤，不是咱们现在想要的结果。"

当遇到孩子激烈的情绪对抗、似乎要报复我们的时候，我们先做以下三件事：

一、反思

看到孩子声嘶力竭地对我们吼，我们是不是能感受到孩子内心有很多未被处理、未被看到的情绪？孩子对我们的怨恨是从哪里来？我们是不是要先反思一下我们曾经给他带来的伤害？

这通常和过往的养育环境有关，比如从小对孩子高度控制、批评、指责甚至打骂，没完没了地唠叨。**孩子愤怒的背后其实是期待得到父母的回应。**

二、倾听和示范

当我们意识到自己曾经伤害了孩子，不要试图为自己的错误解释，这样会让孩子觉得我们最终的目的是推卸责任。当孩子情绪爆发时，理智脑无法工作，再多的解释和道理都无法听进去。当下，我们要把关注点放在倾听孩子的声音而非自我的表达上，并身体力行地用行动示范，让孩子看到我们是如何从错误中学习、调整的。

三、真诚

我们要做好拿出三至六个月甚至更长的时间，重建亲子关系的心理准备。回归养育孩子的初心。拿出我们的真诚，中正地只为修复这段关系，试着去看到孩子情绪背后真正的根源。

重建过程中，把孩子的权利一点一点还给他们，目的不是为了再次拿回父母对孩子的掌控权，而是要平等地、尊重地面对这个生命本身。

父母越反对，孩子越坚持？青春期的禁果效应

最近有个妈妈对我说，她 15 岁的女儿特别热衷于化妆打扮，然后自拍、修图、发朋友圈，一弄就好几个小时。

还有个男孩一到放假就烫发、染发，开学了也不剪短，学校教导处勒令整改，孩子一点都不配合。

父母不劝还好，一说立刻翻脸，你越反对，他越来劲。

处于青春期的孩子一定是情绪脑在工作，为了证明自己是成年人，父母越反对，他们越要去尝试。在心理学中，这叫做青春期的禁果效应。

父母如果站在孩子对立面，妄图说服孩子不要做，结果一定是失败。这时候不如换位思考，从孩子的视角去看问题。

比如代入一下自己，咱们十来岁的时候可能也穿过奇装异服，也会打扮得花枝招展，想想那个时候的自己，就了解了孩子行为背后的动机到底是什么。

他们最基本的动机是：我开始追求时髦新潮流，想去尝试新的装扮。其实就是想让自己看起来更特别，他们想要被看到！

理解了孩子行为背后的动机，我们是不是就更加淡定了。这个时候再处理相应的问题，也能更平和从容。当我们能够平和地面对孩子的问题，不带情绪地说出爸爸妈妈的观点，孩子的接受程度也会大幅提高。

更了解自己的孩子，我们也就有了更多选择。我们可以选择去和孩子讲道理，也可以选择先让孩子感受到接纳和爱。当亲子关系更融洽，当我们能看到孩子真正的需求，当我们能够正向地去鼓励孩子的时候，很多问题也会迎刃而解。

第二章

情绪对抗之答案

　　青春期的孩子是个小怪物。他们把一个还没有长好的小脑袋，放在已经快要成熟的身体上，想和他们沟通，先一起了解一下"小怪物"们的想法。

别让我们的无知害了孩子

很多家长说，我家孩子以前挺听话的，上了初中怎么跟变了一个人似的，看见爸妈立刻臭脸了，动不动就关上门，你叫他，他永远听不见，情绪说来就来，一秒上头。看待父母的眼神，就像对待敌人一般。

相信这是很多青春期孩子的真实写照，青春期孩子最让爸妈头疼的就是他们的对抗情绪。这到底是怎么了？

当你开始面对孩子的对抗情绪时，有三个重点，帮你不踩雷区：

一、父母首先不要迫切想去改变孩子的行为、干预他们的情绪

我们要知道，孩子当下的行为不是瞬间产生的。现在发生的状态，是之前日积月累的结果。

要改变一个长时间积累产生的结果，最先需要了解之前都发生了什么。如果我们不知道孩子"怎么了"，就想指导他们"怎么做"，没了解就发言，冲突就会发生。

父母要先冷静下来，获取一些关于青春期的常识。

这有助于我们去理解孩子现阶段发生的行为，哪些是适龄行为，是这个阶段必然会产生的，过了这个周期就会过去；哪些是我们必须帮助孩子引导纠正的，这样才能用更恰当的方式与孩子进行交流。

我特别理解作为青春期孩子的父母的不容易，但这个时期的孩子更不容易。他们的首要任务是整合自己，迫切地和这个世界碰撞着，渴望地寻找着"我是谁"。可越想把自己整合明白，越着急。此时的他们是混沌的，懵懵懂懂的，越着急就越迷茫。成长需要点时间，更需要一些空间，这是孩子们现在最需要的。

二、充分理解孩子的各种挑战行为

孩子一系列的挑战、激烈的反抗行为，是他们心理上从小孩变为大人的必经之路，冲突的发生是他们心理正在经历的蜕变、挣扎的证据。

他们急于找到突破口，需要更多的勇气和能量，证明自己已经是大人了，不用父母管了。而指向父母的冲突，是获得这种勇气和能量的不二选择。他需要证明他自己说了算，获得"自主感"。

孩子会通过尝试以前不敢做的事来给自己能量，但又不确定什么是对的，也不知道什么是真想要的，所以在这个跌跌撞撞的时刻，唯一能让他立刻有自主感的决定，就是对爸妈给出的选择说"我不要""不想要"，于是就有了对父母的激烈反抗行为。

孩子正是通过和父母的对抗，来完成一个独立个体的蜕变过程，也是在疗愈他曾经受到的伤害。此时的我们，应该为他们的成长感到开心和欣慰，家长要做的是让他安安静静地度过这个时期。

三、孩子反抗的同时也会解读周边的信息，从而再次作出判断

我是安全的吗？我值得被爱吗？现在的我，还可以被接纳吗？我在这个群体里，有价值吗？

此时的他们是非常敏锐的观察者，但很遗憾，他们不是很好的解读者。越是在这个时候，爸爸妈妈越要非常不吝惜地去表达对孩子的爱。**爸爸妈妈的接纳、信任、放手，是应对青春期的关键所在。**

当然也有家长会担心，如果疏于管教孩子走偏怎么办？是的，成长和风险是不可分割的搭档。

但是不管孩子处于哪个年龄阶段，至少他们已经和父母生活了很多年，核心价值观已经建立，这为他们判断是非黑白奠定了基础。

相信在核心价值观的影响下，孩子不会疯狂到"我进入青春期就

黑白不分"的程度，在这些事情上，父母不必过多担心。

父母与其急迫地卷入孩子的成长，不如多些时间夯实亲子关系，毕竟关系不夯实，我们的道理孩子也无法接受，这时父母不如先聚焦如何做好自己。

青春期，不叛逆不成长！

做青春期讲座时，我被问得最多的话是："Echo，孩子的青春期到底什么时候结束啊？"父母的话中饱含了焦虑和绝望，似乎青春期再拖一两年，爸爸妈妈就先扛不住了。

那种每天担惊受怕的感觉，只有经历过才懂。下面我想和绝望的父母说一句：**青春期就是黎明前的至暗时刻，风浪一时有，但不会一直有。青春期终将过去。**

说说我们家的事儿吧！国庆节期间，孩子最要好的小学同学到家里来吃饭，他们都是 16 岁左右的青春少年，也都过了青春期闹得最厉害的那个阶段。

我们一边吃饭一边闲聊，聊起了孩子们上小学时是多么幼稚多么可爱！由此又聊到了青春期的叛逆。

儿子说："现在我妈怎么和我嚷嚷，我都忍着她，我一想，那不是妈嘛！怎么还不得让着点她。别跟她一般见识，因为我们已经是男子汉了。"

孩子聊起他们当时荒废的时光，现在有多后悔；聊起网络游戏是暂时的"镇痛剂"，饮鸩止渴大可不必。他们说："有了现实的朋友和兴趣，没人愿意泡在游戏里。"是现实让他们伤得太深，手机才成为了他们逃离的"避风港"，也"顺便"成为自己不好好学习的"替罪羊"。

听到这些话，心里有感动，有骄傲，也有经历黑暗后终于迎来黎明的欣慰。听着孩子一点一点地回忆过往，又一点一点地对未来做着规划。我感叹那个当时父母说什么都炸锅，甚至对父母仇视的青春期叛逆小孩，真的一去不复返了。

我特别想对焦虑的父母们说一句：孩子终究会长大，给他们点时间去整合好自己，也给自己一点耐心，去接纳还不够完美的亲子关系。父母常说希望孩子蜕变，可蜕一层皮才叫变！这个时候，父母是煎熬的，但蜕皮的孩子又何尝不是呢！父母有父母的责任，孩子也有体验他生命的权利。在青春期这个最特殊的阶段，孩子需要的是挣扎后的成长、成人和成为自己。

孩子不高兴，你怕吗？

孩子休学在家时，很多妈妈会特别小心谨慎，有时候特别苦恼地向我倾诉："孩子在家我一直积极修复和孩子的关系，结果这几天又没忍住，说了几句不该说的，惹孩子不开心了。"

妈妈觉得因为自己做事不恰当，惹得孩子又开始闹、拒绝沟通，特别着急，不知道该怎么办，不知道怎么能让孩子赶紧恢复高兴的状态。

这时候我会和妈妈说："先晾着他！"晾着孩子不是不爱他，也不是不接纳，是你要先审视一下自己，要明白自己当下没能力接住他的情绪。目前你们之间的关系，无法协助你解决孩子糟糕的情绪。

一个人活着，喜怒哀乐是基本的情绪权利，不能因为孩子抑郁不上学了，就连体验情绪的权利都没有了，我们就只能供着他、哄着他开心。

当孩子不高兴时，他就要有体验和处理情绪的空间，急于让孩子高兴起来并非最核心的任务。

现在，请父母们先把目光投向自己，回答下面的问题：

当孩子不开心时，你的内心是不是感觉特别不安？妈妈首先要看到自己的恐惧。

我们迫切地想把孩子从痛苦中解脱出来，不断地迎合孩子，去投喂他、满足他，想方设法让他高兴起来？说明你在为孩子的快乐负责。

出现这种情况的原因有两种：

一、孩子的状态激活了妈妈的焦虑

当孩子不高兴时，妈妈总觉得自己哪里做得不好了，这就激活了妈妈认为自己不完美的感觉，会让妈妈更加焦虑。所以妈妈急于让孩子恢复快乐，来减轻或消除这种焦虑和害怕。

二、不相信孩子自己有能力处理好他的情绪

妈妈为孩子的快乐负责，源于妈妈的不信任，不相信孩子有处理情绪的能力。伴随不信任，我们还会突破边界，哄他，外包他处理情绪的功能。

妈妈在投喂孩子时，满足的是妈妈的功能，而孩子并没有习得应对情绪周期的能力。取悦就这样产生了。

取悦了孩子之后，我们又会觉得特别疲惫，所有的能量都给了孩子，哄完他，自己缓不上来，处于低能量的状态。烦躁、委屈、无力感瞬间把我们包围住，状态越来越差。

与其这样，这个时候不如把孩子放在一边，你做自己该干的事，给孩子时间和空间，去处理他自身的负性情绪。每一个人都需要完整地去体验一个真正的情绪周期。

任何情绪都有周期，比如，开心，一开始是高兴，然后是兴奋到极点，然后孩子会感受到：哦，好像兴奋到头，也没那么夸张，慢慢还会下来，特别嗨之后，似乎还有那么一点点失落，这就是一个完整的周期，孩子就会对它有一个认知。

同样，痛苦和愤怒也一样，需要自己去体会一遍，才有能力去处理。**我们需要觉察的是，我们不想看到孩子有痛苦，那不是孩子的需求，而是妈妈内心的恐惧。**

喜怒哀乐，其实并没有分别，都是正常的情绪感受。当我们能够给孩子信任和接纳，并告诉他："妈妈相信你，你不但能处理好高兴和开心，也相信你能处理好失望和痛苦。"

孩子需要自己体验后，才能明白硬币都有 AB 面。当你选择了"休息在家"这种相对轻松的环境，逃离了自己不喜欢的事物，那么同时你也选择了减少与同龄人在一起的时间和机会，在这个选择下，你可能会

体验到孤独。

孩子真正的收获是通过这样的经历，来建立他内心的心理弹性。

父母不需要在孩子不开心的时候想方设法托住他、投喂他，只要相信孩子自身的生命能量能够走出这个痛苦，孩子就会越来越好。

四招化解青春期孩子的情绪对抗

青春期孩子出现情绪问题，经常暴怒、骂人、情绪失控，甚至和父母推搡起来，都是在这个特殊阶段普遍的事情。

我们可以用下面四点来化解这种情绪对抗：

一、学会用语言来帮助孩子宣泄情绪

语言表达是非常重要的情绪宣泄出口，我们要做的是引导孩子把内心的不开心讲出来。

发现孩子状态不好的时候，我们可以试着问问："是不是发生什么事了，愿意和妈妈说说吗？"

引导孩子表达在心理学上叫"看到即疗愈"，也就是孩子在说出来的过程中，心里就已经舒服多了。

在这个过程当中，我们会慢慢教会孩子一个理念："当我有了情绪，我可以选择说出来，生气是我的权利，愤怒也是我的权利，并且我有能力处理好我的情绪。"

二、帮助孩子建立稳定的社交圈

如果十几岁的孩子能有两三个无话不说的知心朋友，就是一个很健康的状态。孩子大了，有些问题不想和爸爸妈妈说时，可以和好朋友分享。

伙伴关系可以很大程度上让孩子找到归属感和认同感。当孩子遇到困难和挫折，出现情绪的时候，社交伙伴中的人际支持可以给孩子建立安全感，帮助孩子顺利走出情绪化的困境。

所以父母平时可以在孩子的交友问题上多了解一下，比如"你愿意和谁玩，为什么呀？""如果你和同学之间有矛盾，一般你们怎么处理？"等，引导孩子建立人际关系的自信。

三、适当进行体育运动

运动可以帮助孩子释放压力、降低皮质醇的分泌。我们也有过这样的体会，当我们不开心时，出去跑一圈、打打球、出出汗，好像一下就爽多了，孩子也是如此。并且带孩子进行体育运动，也是难得的全身心陪伴的亲子时光。

有一个小男孩曾经和我说，他有一次考试考砸了，回到家，他爸爸什么也没说，出门就带他爬山去了，累得满头大汗，浑身脏兮兮地回家了，但这时候他发现心情自然就好了，觉得看老爸都顺眼多了。

这就是运动的魅力啊！

四、允许孩子适当发泄情绪，无论男孩、女孩都允许哭

有些家长总说"男儿有泪不轻弹""男子汉别哭"，其实这些都不利于孩子情绪的发泄。

每一个孩子都有哭的权利，跟有笑的权利是同等的。这一点不分男孩女孩，有需要都能哭。

当孩子有情绪时，把发泄的权利还给他们，允许他们用各种各样的方式去表达，是处理孩子情绪很好的引导方式。

所有的情绪感受都没有好坏，都是当下事件带来的身体感受。我们允许和接纳孩子开心快乐，更要允许和接纳孩子失望、痛苦甚至愤怒。

当孩子可以感受一个完整的情绪周期，在这个过程中不被干扰、不被评判，他就逐渐学习到了如何消化和处理自己情绪的经验，也建立了掌控自己情绪的信心。

孩子需要被"看见"

个案中很多孩子都有厌学、情绪易怒的情况，有一些已经达到了焦虑障碍的状态。但是很多家长等到孩子几乎接近崩溃或者已经开始出现自伤行为时，才意识到问题的严重性。

为了让父母能及时抓住孩子的求救信号，不错过帮助孩子的最好时机，我总结了六个青少年焦虑障碍的信号。

一、厌学

孩子成长过程中最主要的环境是学校，厌学是识别孩子焦虑障碍非常重要的一个指标。

如果孩子产生了厌学情绪，一定不只是因为孩子不爱学习，而是因为他的情绪出现了重大的障碍。他想起学习或者想起要走进学校，就会感到非常痛苦。

二、拖延

好多焦虑障碍的孩子对自己恐惧的事情，常常会用拖延的方式来缓解当下的焦虑。所以我们会发现，经常叫了孩子好几遍，孩子也应了，但就是动不起来。

三、易怒

易怒的孩子情绪起伏波动非常大，特别容易不耐烦、易激惹、乱发脾气。如果孩子跟之前发脾气的强度比，明显提升了等级。这时候，家长就要注意了。

四、注意力涣散

患有焦虑障碍的孩子心里时常会感到特别烦躁，注意力肉眼可见的无法集中，因为孩子在学习的过程中长期体验着巨大的挫败感，所以孩子当时的情绪感受也是失望、沮丧的。

五、易疲劳

孩子在家躺了一天，也没干具体的体力活，甚至学习也没学几节课，却总说特别累、特别疲惫，都睁不开眼。

这是因为患有焦虑障碍的孩子每天想的事很多，大脑根本停不下来，在大脑运转的过程中，他一直在消耗着自己。

六、出现躯体化反应

孩子的心理张力一直很大，情绪紧绷，就会导致肌肉酸痛，头疼、胃疼甚至腹泻，这都是非常典型的焦虑和心理压力引发的躯体化反应。

我国青少年抑郁检出率为 24.6%，也就是 10 个青少年中就有 2 ～ 3 个孩子患有情绪障碍，比例之高说明它离我们并不遥远。[1]

当青春期的孩子产生了焦虑情绪，父母往往会理解成学习压力大，休息不够，在闹脾气。初期就能够引起重视的案例并不多，家长要细心观察孩子的情况，以免耽误孩子就医。

已经出现心理问题的孩子通常有四个信号。

一、孩子的人际关系发生异常

孩子对人际关系变得非常敏感，有一部分孩子突然会变得沉默寡言，不但不和父母说，甚至不愿意去融入同龄人的圈子。

---

[1] 2021 年 3 月，中国科学院心理研究《中国国民心理健康发展报告（2019-2020）》

二、孩子的行为出现异常

青春期的孩子应该精力旺盛，他们更愿意跟父母对着干，不听话是常态。如果孩子特别麻木，完全按照父母意愿执行，没有意见、没有情绪，没有反馈和交流，甚至感受不到生命力，父母一定要提高警惕。

三、孩子突然爆发巨大的情绪或者发展出不良行为

还有一类孩子情绪的波动异常大，伴随情绪的波动还有升级的行为问题，比如上学迟到、频繁请假、成绩大幅下降。甚至出现品行方面的问题，比如打骂父母、在学校打架斗殴、抽烟、酗酒、夜不归宿、离家出走等。

四、孩子出现自伤行为

孩子手臂上、大腿甚至脖子周边出现伤痕，或者揪头发等，明显是自己伤害自己造成的。

我们发现孩子没办法控制自己的情绪，比如冲动的时候会拿头撞墙，或者扇自己，都是自伤行为的表现。

以上四种都是孩子已经出现心理异常的信号，家长发现以后一定要先稳住自己，不要指责孩子或者表现得特别急躁，孩子此时已经消化不了父母产生的焦虑情绪了。

要知道，已经出现自伤行为的孩子，内心一定痛苦了很长时间。这个时候孩子更需要理解和接纳。

孩子的问题越严重，家庭环境需要为他去调整的部分就越多。家长如果无法处理，一定要及时寻求专业的心理帮助，陪孩子一起度过这段艰难的时期。

直击灵魂的对话，孩子通透得难以想象

这么多年，通过陪伴和见证大量家庭和孩子的成长，我发现那些在十几岁整合自己过程中，突然卡住的孩子，通常是有很强思考能力的孩子。

给大家举个例子，一个我陪伴了四五个月的青少年曾经对我说："阿姨，你觉得读书的意义是什么？在每天不足 6 小时睡眠，两天就能用干一支签字笔这样的强度下，我们学到的真的像大人们说的那样有用吗？我们坐在教室里不断地刷题、考试、排名，不过是为了在自己被挑选时能标个好价格而已。爸爸妈妈让我从小学艺术、音乐、舞蹈、书法，让我考更好的学校，这样就能贴上更好的标签，实际上都是为了让自己有个好价格，我这一生就是用来让别人挑选的？

可我能穿越重重考验，安然无恙没病没灾地冲过高考这道防线，至少证明了我心智健全，难道父母口中的出人头地就是以更好的价格被别人挑选吗？我甚至听不懂他们说的出人头地是让我出到哪里？"

几千年来我们这个社会一直在推行儒家思想，究其本质其实是顺从。在这个核心价值观下，一个有攻击性、有挑战性、不走寻常路的孩子，即使拥有再健全的人格，也不是培养的目的，对吗？

每当我看到孩子那双清澈但又无助迷茫的眼睛，听到孩子说："阿姨，我不是不懂事儿，我不是不想好，但我想知道意义是什么？难道仅仅因为我质疑了一些事情的意义，我的父母就会如此痛苦吗？"

各位爸爸妈妈们，我想告诉大家一个一直被我们忽略的事情：孩子来自高维的世界，他们真的比我们看得透彻得多。

因为他们具备高维的智慧，所以他们才会在想远离现实社会时沉迷到网络中，对于通过分数标榜自己难以认同，从而无法回到学校这个竞争的场域。他们甚至痛苦到彻夜难眠，痛苦到自伤自残，让父母痛苦不已。

我理解父母的纠结和痛苦，但是生而为人，痛苦无常才是我们活着的常态。我们的痛苦那么大，以至于我们的心都放不下，如果我们处理不了这份痛苦，那为何不尝试把我们的心再放大一些？人生不过是一场修心的游戏。心大了，痛苦自然就少了。

如果我们总是抱着狭隘的心，告诉孩子人生的意义就是被包装得更好，以便于能被挑选到更舒适，痛苦更少的场域去服从，我相信孩子一定会说："不，如果是这样，我宁愿去经历一个有挑战、有深度、更广阔的世界，哪怕它将会给我带来更多痛苦。"

不知道各位父母看到孩子如此反应，会作何感想？

爸爸妈妈们让我们一起去转变观念吧！如果我们是焦灼的，我们自然会带着焦虑不安的心去催促那个没有准备好的孩子长大，从而忽略孩子来到这世界上，真正的目的是成为他自己。

我们也曾经是孩子，也祝愿我们每个人都能最终成为我们自己。

更容易让孩子出问题的三种家庭

经常有家长问我："什么样的家庭，孩子容易出问题？"我觉得有三种：

一、忽视性家庭

极端一点说就是父母生而不养。这种家庭的孩子，一种情况是孩子生下来就留给老人，经年累月见不到父母；一种情况是家庭条件好，孩子从小被保姆带大。

从小被父母忽视、被代养人养大的孩子，内心会多疑自卑，非常缺乏安全感。长大之后害怕进入社会与其他人深入交流。可能表现出孤僻冷漠，也可能患得患失，极力取悦。

20世纪70年代早期，发展心理学就有大量研究表明：新生儿天生具备很多能力。比如"理解某个迫切的需求""向外探求的方式""善用身边的环境"。

从小被忽视的孩子，内心一定是极度渴望爱的，这种对爱的极度匮乏会带来巨大的渴望。别人对他好一点点，他就非常容易迷失自己，很多悲伤的故事都发生在这样的孩子身上，我们俗称的"PUA"在这类人身上发生的概率会极高。

二、夫妻关系紧张的家庭

父母本身的情绪很不稳定，经常互相言语攻击、吵架甚至大打出手，或者冷暴力都是夫妻关系紧张的表现。**家庭情绪张力大，孩子每天就要察言观色。**

心理学有一句话："没有亲密关系，就不谈亲子关系。"这足以证明一个家庭系统中，夫妻之间的关系对孩子会造成多大的影响。

你以为孩子不知道你们之间是怎么回事？其实孩子心里明镜似的。当孩子感受到了爸爸妈妈情绪的张力，作为家庭的一员，他会潜意识地选择站出来，用自己产生问题的方法，比如生病、厌学，让父母把焦点都放到自己身上，从而缓解夫妻之间的情感障碍。

三、特别常见的高控型家庭

这类父母会把精力全放在孩子身上，高期待高控制，事无巨细地管控孩子的一切，孩子对自己的事情没有决策权。父母打着"爱你、为你好"的旗号帮孩子做一切决定。

我做的个案中，一位20多岁的女研究生哭着控诉她的妈妈。她出去面试穿什么样的衣服，什么样的鞋，梳什么样的发型，妈妈都会参与。

如果没按照妈妈的想法来，女孩就会受到指责，自尊心受到极大挑战。

于是就应了那句话："不在沉默中爆发，就在沉默中死亡。"高控型家庭的孩子是非常容易出问题的。

孩子一旦出了问题，先不要指责和评判，痛定思痛，坐下来反观自己，我们的家庭系统给了孩子多大的支持？我们是否对孩子出问题这件事负有不可推卸的责任？我们有没有需要调整的部分？

高控型家庭的父母，首要解决的是我们的认知和理念，而后才能重建亲子关系。

为什么孩子的怒火那么大？

"他们不懂我，还要控制我！"

"他们不懂我，却心安理得地告诉我：'你的痛苦是不该存在的，你的痛苦就是错的'。"

十几岁的孩子经常是愤怒的。为什么会愤怒？**因为他感觉没有人能懂自己**，而且最不懂他的这个人，恰恰还是最亲近的爸爸妈妈。

这是一种很糟糕的状态。孩子出现的不良行为，是孩子在给自己糟糕的感受做防御。每个行为都在为他的自身成长做辅助，所有行为都是有价值的。愤怒、攻击父母、说脏话等，都是因为孩子在压力下，植物神经被高度唤起，瞬间进入战斗、逃跑状态。这个时候孩子需要防御，防御那种致命的、痛彻心扉的伤害。

人什么时候最容易攻击别人？愤怒的时候，不被理解的时候，受到委屈的时候，感受糟糕的时候。

所以孩子会骂脏话或者愤怒地指着我们，因为孩子当时感受到自己已经被推到悬崖边上，如果不用愤怒的情绪来表达，爸爸妈妈是不会停止的。他们要用更大的力量让这件事停下来，让爸爸妈妈闭嘴，不要再控制他。这就是青春期孩子产生愤怒最核心的重点。

青春期的孩子进行自我整合，说明他本身处于混乱的状态，这个状态在心理学上来讲是孩子非常脆弱的表现。**孩子在脆弱的时候，我们需要的就是稳定他的生活状态，塑造好孩子成长的大环境。**

就好比一个国家，有一个小地区发生了地震，如果国家是稳定的，就可以迅速给震区输送物资，提供支持。但如果这个国家本身也处于战乱混沌的状态中，就无法支持这个小区域。

当孩子愤怒、焦灼无助的时候，稳住！是父母的首要任务。

孩子摔东西、喊叫、情绪失控，父母别慌

孩子情绪失控，在家里大爆发。父母做到"三不要"：不要逃、不要战、不道歉。

孩子在家里情绪大爆发，把家里东西全摔了，甚至对父母出言不逊，这是大多数咨询案例中都会出现的情境，也是爸爸妈妈觉得最难忍受的部分。伤心、绝望、撕心裂肺的痛，这样的状态能把爸爸妈妈一下推入深渊。伴随着家庭大战一触即发，当孩子被激惹起来，不断地用攻击行为来挑战父母底线的时候，有三件事不要做：

一、不要逃

大家不要害怕孩子情绪最激动的时刻。每个孩子在爆发时都有情绪激惹最高峰的波段，但是这个状态不会持续太长时间，持续时间的长短和父母回应的方式关系密切。

如果父母是接纳的、陪伴的，静静地看着他，而不被孩子激惹、不被孩子的状态镜像反射，孩子那个最高昂的状态10分钟左右就会过去。

当孩子不断地抽自己、不断地用头撞墙，出现了极端伤害自己的行为，我们需要过去紧紧抱住他，和他说："孩子，妈妈在，想哭就哭一会儿。"当孩子切身感受到他的情绪是被接纳、被允许的。这个时候，父母不要跑，别离开，不要给孩子你要放弃他的感觉。

二、不要战

当孩子情绪异常激惹，出现了打骂、摔东西的状态，父母通常也会像一下掀翻大脑的盖子一样，失去理智。也就是我们常说的进入了动物脑的状态，而不是用理性脑思考问题。

父母和孩子的战斗模式就此打开，孩子不会打骂父母、通过肢体接触来攻击父母，而会摔东西、砸门、摔他不喜欢的，或者你控制他的手机、平板电脑。**这个时候我们要冷静下来，不要推动着局势进入激惹、双方互殴的状态。**如果你做不到，我给你一个方法：坐在最好是带扶手的椅子或沙发上，两只手扶在扶手上，自己感觉好像身体上缠了一条线，你是站不起来的，这时候保障你的平稳、不站起来、不激惹自己就是关键。

三、不要道歉

当孩子在痛苦发泄情绪的时候，父母往往会激活曾经深深伤害过孩子的那些事件，进而想快速卸下自己对孩子的内疚，想告诉他，是爸爸妈妈对你造成了伤害。

但是在亲子关系中，我不主张父母对孩子做深深的言语上的道歉。这样的道歉只能卸掉我们的愧疚，让孩子再次体验一遍那个曾经被伤害的感受。孩子会感受到："你就这么轻描淡写的一句道歉，而我现在没有办法，也没有意愿去原谅你。"这时候，我们只是又一次撕开了孩子的伤口，却没有能力帮助他缝合好。

我们要做的是身体力行地理解。行动起来，让孩子真实感受到父母的变化。当孩子产生剧烈的情绪波动，我们至少要能做到上述所讲的这"三不要"：

不要逃，不要给他被放弃的感受；

不要战，不要激惹，把矛盾推向顶端；

不要道歉，不要让他的情绪再闪回到那个创伤的、痛苦的、被伤害的感受当中去。

当我们先稳定了自己的情绪，当我们自己有了能量，才能协助孩子做到更好。

青春期家庭日子好不好过？取决于这三点！

经常会有家长问："老师，怎么就我家的孩子这么闹腾呢？我感觉邻居的孩子没像我们孩子这样啊！是所有孩子都这么能折腾吗？"

青春期的孩子"折腾"的程度不一样，但一定都会有变化，因为青春期是孩子从少年蜕变到成年人的必经阶段。

在这个阶段，伴随着心理和生理的急速发展，孩子的身体内部也受到激素变化的强烈冲击，还要面对认知和思维的变化，完成"整合自我"这件事。

并非每个青春期孩子的行为都会很激烈，**前提是父母不激化冲突。**

孩子与父母发生冲突时，激烈的程度由什么决定？取决于以下三点：

一、本身的能量

孩子本身的能量大小不同，这不完全取决于孩子自己，是由基因决定的。孩子的脾气秉性是不是急躁，和原生家庭、父母的基因都有最直接的关系。

一般情况下，男孩子会比女孩子能量高一些，形式外化也更激烈一些。但也与孩子本身能量的高低有关。

比如一个女孩本身能量很高，与原本就乖巧的男孩相比，那女孩外化得就会更厉害。如果这个时候父母与孩子再沟通不当，加上学业、同龄伙伴人际关系压力，孩子就有可能爆发得异常明显。

如果孩子本身比较内向乖巧，则会产生不同形式的表现。比如不想再听爸妈啰唆。虽然没有激烈地对吼，但这类孩子会默默抵抗。比如回家就关门，叫他多少遍都跟没听见一样；和特别要好的同学吐槽父母，吐槽的时候很有可能会带脏话等。

青春期的女孩和男孩最大的不同是，女孩在这个时期会对异性关系有强烈的向往，所以，我们在做青春期个案咨询时会发现，女孩的父母更担心的是早恋对身体、学业的影响，情感困扰特别明显。大部分男孩妈妈焦虑的是厌学、网瘾，与家长冲突的升级这类问题。

二、外界刺激的大小

青春期也叫作叛逆期，孩子叛逆的是什么？是成年人设立的规则：孩子反抗的就是父母一直约束的，所以我们给孩子的规则越多，给他叛逆的机会就越多。

青春期其实就是孩子长大的过程，也是和父母渐行渐远的阶段。父母的过度控制、过高期待、只谈学习，不谈别的、偷窥孩子的隐私、干涉孩子的交友，这些雷区，只要踩到，必炸！

所以在青春期，父母的接纳和放手是最佳选择，外界给的刺激越大，孩子的反抗程度就会倍数级地增加。

三、给孩子发展功能的机会

我要成为一个什么样的人？我想融入什么样的群体？我希望在同龄伙伴中，别人如何评价我？

这个阶段的孩子虽然思想上没有足够成熟完善，但已经可以为自己的行为做出选择。当孩子越来越成熟，就会去思考什么是他真正想要的。

孩子的成长需要更多的时间和空间。作为父母，要坚信这个生命的本身，在度过这段动荡岁月之后，孩子能够发展出更完善的功能，真正走向属于自己的人生之路。而父母要做的就是给孩子发展自身功能的机会和时间。

为什么孩子不想和我说话？

有家长问我："为什么孩子不愿意和我说话呢？"

因为孩子知道，你的答案都不是他想听的，根本聊不下去啊！

咱们换位思考一下就能够明白，我们在什么样的场景下，和什么样的人不愿意继续说话？

普遍有三种情况：

一、你觉得环境不安全或者对面的人不安全

在这个环境里和这个人一起，你感觉"我不想和你聊""我没有价值感和归属感"。

比如咱们满心欢喜地拿着方案去找领导，汇报时领导说："我觉得你这个做得不好，不如××做的。上次会议我说的两个方面，你都没写进去。你的脑袋长哪儿了，是不是没看会议纪要？"

这样的沟通你还想继续吗？稍微换位思考，我们就能想到，当孩子说他特别感兴趣的事情时，我们是否有一堆负面评价等着？结果搞得孩子兴趣全无。

二、得不到回应，感受不到尊重

对方特别冷漠，凡事也不回应。比如你拿着工作成果找领导，领导点点头，"行，放这儿吧！"然后就没有后续了。

从来没有反馈，没有点评，不置可否，就这样非常冷漠地处理着，久而久之你还愿意跟他说话吗？热脸贴冷屁股的事，不管大人还是孩子，谁都不愿意干。

三、长篇大论的道理等着孩子，最后都绕到学习上

我们给孩子不断讲道理的时候，孩子是如何给自己定位的呢？孩子通常会这么想：我一定是哪儿错了，要不然他们干嘛老给我讲道理；我做什么都是错的，什么都需要爸妈代劳，他们努力为我处理身边的事，代表我没有能力；我太讨厌这种无力感，太讨厌我没有能力了，所以为逃避这种感觉，我不想再和他们说话。

我们经常说，当孩子感受好的时候，他才有能量去做得更好，才有力量去完善不足。如果父母一开口，满满的负面评价和批评，就会封闭孩子对所有事情的好奇心。交流也不再平等，孩子感受不到在这个环境里是安全的、有价值的，他肯定就会用沉默来应对批评。因为孩子此时坚信只有闭嘴才是最好的选择，才能让他在这里生存下去。

孩子是敏锐的观察者，但他不是智慧的解读者。他用父母给予的方式评价着自己，只会觉得自己是没有能力的、不被爱的。这个时候，他怎么可能滔滔不绝地和父母进行沟通呢？

如果我们想让孩子敞开心扉，首先要对孩子充满理解，让他知道无论发生什么，家都是港湾，爸妈都是依靠。在行为上我们要教导甚至修正你，但是我们的动机一定是出于爱和接纳，这样孩子才敢和你敞开沟通的大门。

父母苦学情感表达，为何孩子觉得虚伪？

我经常告诉父母要向孩子表达爱，要让孩子感受到，他的生命本身是被无条件接纳的，让家里的温暖和爱流动起来，慢慢去滋养孩子的心。

结果父母苦学情感表达后，回家实践，收到的反馈却是：恶心、好假！

很多爸爸妈妈回头找我："老师，我和孩子说了我爱他，也告诉他，妈妈接纳你的行为，你学不学习，都爱你。"

结果孩子说：

"你少来这一套。"

"你为什么这么假啊！"

"你这么说我觉得恶心。"

……

爸妈也很委屈，被孩子这样怼一顿，情绪重新回到对抗状态。

越来越多的孩子不会表达爱，导致很多父母觉得孩子没有感恩心，为他们做了多少，孩子都觉得理所应当。

这时我会问问爸爸妈妈："当我们觉得孩子没有体会我们的辛苦，当孩子不按照我们的规划去行动，咱们一般用什么样的方式去处理？"

父母的回答惊讶地一致："讲道理！"

说明父母除了在孩子刚出生的那几年会无条件地表达爱，接下来的时间里并不习惯讲爱，更多的是讲道理。

人的一生，好多习惯都是在环境中学到的。

在孩子的记忆里，爸爸妈妈之间、妈妈和姥姥之间……周围的人都不会对彼此的付出表达感恩，直接说出心里的爱。那么即使孩子心里生发出特别想谢谢妈妈，感受特别温暖的时候，也只会在心里酝酿着，不一定说得出口。

我曾做过一次个案，爸爸说他小时候没有过昵称，整个家族就没有叫昵称的习惯，如果叫孩子"宝贝""明明""婷婷"，会觉得特别做作，甚至恶心。他不习惯这样表达，所以在家里也不允许妈妈和孩子腻腻歪歪的，毕竟是男孩子嘛！

可以想象，对于这样成长起来的孩子，感受爱、接纳爱、表达爱都是一种无形的压力。当父母都觉得难以启齿、做作恶心的时候，孩子更无法接纳这种自然情绪的流动。

当孩子长大了，父母决定向孩子去表达爱的时候，孩子自然会抗拒，因为他没有形成接纳爱的习惯！

为什么我们表达爱，孩子会觉得假，那恰恰说明我们说的次数太少了。

可我们要知道，即使孩子说你假，但他心里是暖的，只是还没习惯这样去接纳你的表白。他只能通过怼你，冰冷的话，甚至用指责、不满把你推开，来掩饰他的紧张。

孩子需要时间去适应和应对所有新情绪，我们只要继续不遗余力地表达我们的爱与接纳就可以了。

为何孩子总对妈妈出现情绪对抗?

身边的妈妈总是吐槽:孩子在别人面前都挺好,到了妈妈面前才各种作妖、拿捏和挑衅,为什么单单欺负妈妈?

有的妈妈甚至觉得在孩子面前已经谨小慎微,在和孩子交流的过程中,哪怕表情有一点点不被觉察的排斥,孩子立刻炸毛:"你什么表情啊?你这样是什么意思啊?"于是妈妈立刻像伺候皇上的老太监,心有不悦也忍住!这是青春期孩子和妈妈的共同困惑。

孩子愿意在妈妈面前撒娇、耍赖、发脾气,代表孩子愿意在妈妈面前呈现真诚的自己。

撒娇也好,耍赖也罢,孩子表达的是什么?是负面情绪,是自己的不开心,孩子在表达难过、悲伤、痛苦的时候,如果有人能够接住他真实的情绪,说明孩子和你的关系还不错。

只有孩子觉得与父母之间沟通的场域是安全的,他才能真实地表达自己的感受,无论这样的感受是正向还是负向的,他觉得在这段关系里,都是可以被解答的。

一个家庭健康的状态是:父母可以接受孩子情绪具备弹性状态,有弹性的生命状态也是富有生命力的体现。父母给予孩子弹性的空间,是父母人格健康的表现。每个人都会有喜怒哀乐,情绪就是人体的隐形器官,时刻与我们同在。**如果孩子在你面前永远是积极、快乐、平稳的,那就代表他默默地将喜怒哀乐中负面的部分吞下去了。**

这些情绪如果孩子自己无法消化,就出现了抑郁、躁狂的症状。

自然界的河流有时候是顺流直下,平静平和,有时候碰到石头激起浪花,但都不影响河流最终汇入大海,到达目的地。这和孩子的状态一样,有平静就有愤怒,有开心就有悲伤,各种状态都有才是成长过程中一个极具生命力的正常孩子。

十几岁的孩子表现得特别平稳，已经违背了孩子的成长规律。妈妈愿意看到孩子乐观稳定，愿意让孩子保持积极的状态，这种期待本身就是不切实际的。我们要做的是给孩子一个安全的场域，无论喜怒哀乐，孩子都可以得到及时的释放。

第三章

学习懈怠之答案

　　提到孩子的学习，家长要先弄明白自己、孩子、学习三方的关系到底什么样的？什么状态才是健康的。

　　学习是孩子的任务，但是我们现在总看到家长跟孩子一起忙活学习，最后变成了家长焦虑、着急，孩子反倒是一副无所谓的态度。

　　无论是书本上的知识，还是生活中的技能，只要是希望孩子有收获，家长就要明白：孩子和学习之间，我们不要做第三者。

你是孩子和学习之间的第三者吗?

我们先来做一个好玩的游戏:随便拿起你手边的三样东西。想象他们一个代表学习,一个代表孩子,一个代表家长。你会如何摆放这三样东西的位置?是平行关系,还是互相有交叉? **父母让孩子学习之前,要弄明白两个根本问题:谁在学习? 学习什么?**

一、谁在学习?

学习是孩子的事情,但现实生活中,我们根本做不到完全把学习交给孩子。当孩子成绩不好时,父母比孩子更加焦虑;当孩子不按时写作业时,父母定时定点地催促提醒;当孩子写作业时,父母在旁边一直陪着;学习成为家庭的核心任务,为了孩子的学习,孩子的玩耍、自己的娱乐全都可以让道。

这些都是家长在承担学不好的后果。家长已经成为学习的主体。

但学习的主体是孩子。父母代替孩子主动做太多事情,说明我们已经作为主体对学习产生愿望,然后把孩子排挤在父母和学习之外。此时孩子变成了父母完成学习愿望的工具,失去主体性,处于被动支配的状态。

孩子在父母的要求下,表演学习的状态,而真实的他在干别的事情,看似孩子是主体,但却是假主体。假的自我无法持续装下去,孩子就会产生厌学的状态。

父母花了太多的时间,陪伴(监督)孩子学习,过度的干预,导致孩子学习欲望的消失,孩子对学习没有保留一丝属于自己的好奇,失去探索的动力和勇气。父母也在这样的僵持下发狂,失去耐心。

父母失去耐心,觉得牺牲自我之后,还会让孩子不得不接受这种我付出，你也要付出的交易。父母辞职、牺牲娱乐交友，甚至自己学习教孩子。这些行为都有着一种过度付出的意味，孩子就要为此付出理解、配合的代价，被迫参与这场**自我感动**的交易。

这不是帮助孩子学习，这是一场控制：我一直过度付出，这样就可以一直抱怨下去，没有人能逃脱我付出后的控制。

控制的背后，其实是不想让孩子好好学习，因为孩子优秀起来，意味着他们会脱离我们的掌控，远走高飞。

如果孩子专注地和学习玩儿在一起，父母就有被抛弃的感受。这个时候，父母会想方设法地卷入进来，通过增加课业量、难度、打压，甚至进屋送水果、牛奶、巡视等方式，去确认自己的位置。父母需要打断孩子的学习劲头，来确认自身的重要性。

是不是很像第三者插足。**明明孩子和学习能够很好地共处，但因为家长的恐惧，没有想明白地胡乱干预，让孩子和学习之间的关系变得一团糟，达成离间他们的目的。**

很多时候，父母过多地参与到孩子的学习中，就是在孩子和学习之间埋下离间的种子，会把孩子从学习身边越推越远。

二、学习什么？

学习不只是学习知识，学习更是一种交互式参与模式。和父母的关系中，孩子学习建立人际交往模型。父母要把眼光放长远。孩子真正的成功，大多是人际关系和人格方面的胜利。**在处理孩子和学习及家长的关系中，孩子也会学习如何处理各种关系。**

很多父母跟学习之间的关系就不够健康。比如：父母小时候压制了自己玩的兴趣，憋着劲学习，他们可能成绩的确很好，但是他们和学习的关系却不好。他们内心是仇恨过学习的，但又无能为力。这种屈辱的感受，仇恨学习的情感就会投射给孩子，孩子会用一生去展示父母对学习的仇恨和体验那种屈辱。

我们看到的现象往往是，父母学习很好，也很有成就感，但是孩子越来越堕落，越来越无奈。**实际上是因为孩子跟学习的关系不好，很有可能是因为父母跟学习的关系，从来就没好过，没有热爱过。**孩子成绩不好，展现的可能是父母对学习的仇视。

被尊重的孩子，会理解一个人的基本需求，包含自主、游戏娱乐、学习、共情他人等。反之，孩子会习得相同的模式，对自己不耐受的事情和人，发起攻击、攻击自己、自我封闭。

孩子不想上学，多半是因为这三点

很多妈妈找到我的时候，孩子已经不去学校了。**厌学这件事：预防大于干预**。早了解厌学的原因，就能早预防。孩子不去学校，大部分有这三个原因：

一、孩子心理健康出了问题

不想上学的孩子在心理上都处于一种相对不稳定，甚至崩塌的状态，是不够健康的。孩子极大地表现出对现在环境的不适配，比如出现焦虑抑郁、容易激惹的情绪状态。

这个时候先去医院识别孩子的身心健康是否出现了问题，不要讳疾忌医，认为去医院会给孩子贴上标签。

做青少年心理干预这么多年，我一再强调：如果孩子焦虑抑郁的状态一直持续，有的时候，药是一定要吃的。**药物甚至可以说是让家长正视问题的严重性，让孩子"安心"躺平的重要转折。有时候药针对的不仅仅是孩子的症状，还作用于整个家庭的心态。**

当孩子出现了一些比较"糟糕"的状态。例如：睡不醒、厌学、对曾经感兴趣的事情兴趣减弱、时常哭泣、昼夜颠倒、伤害自己等。**父母虽然已经明显感受到孩子的变化，但有一部分父母就是逃避去医院，逃避孩子需要看病的事实。**

带孩子去精神科这件事，会成为家庭隐秘中不可言说的部分。父母起初会无法接纳孩子心理状态异常的表现，因为这极大激发了作为完美父母的羞耻感。

完美的父母们脆弱的人格经不住"不完美"的表现。所以，当孩子进入抑郁状态，父母会在这之前或之后，先后进入"糟糕"的状态中。

二、出现人际关系的困扰

人际关系是十几岁孩子的核心诉求。在我的咨询个案中，半数以上的孩子都在这个年龄段出现过人际关系上的困扰。比如在学校受到霸凌，讨厌一个老师，老师对孩子区别对待，同学没人理他，他交不到比较好的朋友，还有遭遇了情感上的背叛。

还有一些孩子的人际关系问题是出现在家庭内部。孩子会焦灼于父母是否会离婚、是否会相互背叛，甚至一些十几岁的孩子和我表达，其实在很早之前他们就知道父母婚姻出现问题、彼此背叛、家暴这些情况。这样的关系困扰会极大影响孩子去专注完成他的本职工作！

三、学业压力

学业是孩子一定会承担的。有些孩子会觉得承受压力太大，受不了，特别害怕失败。

还有一些孩子会伴随强迫思维。可能孩子本身是学霸，但没有办法接受自己第二次考试成绩不如第一次。这些孩子回不去学校不是因为自身太差，往往是因为原来太强了。他们在强迫思维的状态下，对成绩排名有执念。

有很多孩子惧怕上学恰恰是因为这次考得太好了，恐惧下次的失败，追求完美的心让他们面对不了排名下降这件事。

还有一类孩子就是自己本身没有动力。很多找我做咨询的孩子，父母都是高知——大学老师、博士、博士后、企业高管，有着非常显赫的学历。

但孩子会对我说："他们过得也不过如此，整天不如意，就知道折腾自己的孩子。"

孩子把我们作为榜样，结果发现我们在经过努力学习之后，也没有找到生活中真正的幸福感。如果孩子在我们身上不能习得和体验好好爱自己的经历，看不到我们投入地做自己喜欢的事，他们就会觉得其实人生毫无意义，那么"卷"和"躺平"其实也都无所谓。

所以爸爸妈妈作为榜样去拉动孩子才是我们真正应该去做的。我们经常说，激娃不如激自己。我们对生活的态度，极大地影响着孩子对这个世界的认知。

还有一类孩子特别害怕表现得好。很多父母困惑孩子考砸了反而很开心，分数高了倒会不高兴。

那父母就要想一想，当孩子考好了，父母是不是会对孩子有好上加好的要求，是否意味着孩子将会面对更大的挑战和更多的要求？如果是这样孩子就会选择躺平，不再为父母的期待和无休止的更高要求去卷。

警惕！厌学、休学引发原因有本质不同

做青春期个案这些年，我发现厌学、休学、辍学的孩子越来越多。**厌学是孩子不爱学，缺乏学习动力，但是休学和辍学是孩子根本不能再去学校，为的就是离开这个环境，两者是有本质区别的。**结合我做的实际个案，我来把这两点讲清楚。

首先说厌学。咱们用最通俗的方式理解一下，我们讨厌做一件事，不想再干这件事，其实最根本的原因就两点：

第一点，我干不了干不好，我怎么努力都干不好，我不想再面对这种挫败感和无力感。孩子付出了很大努力，但就是科科垫底，是不是真的就没动力了。自暴自弃是孩子当时的感受。

第二点，就是原来学得太狠，做题都做麻木了，这件事本身让我产生了厌烦，我得换个方式喘口气。

就像咱们每天自己在家做饭，一个月有那么几天我就是想点外卖，不想再下厨房，其实是一个道理。

联系咱们自己的感受，是不是觉得孩子厌学这件事，并不是什么十恶不赦的事，所以家长不要一听孩子说："妈妈，我不想学了，我背不下来这单词。"就上头炸毛，开始批评孩子。

其实要知道，这个时候孩子是在向我们求助，他自己已经消化不了这些负面情绪。可是回到生活中，咱们允许孩子表达了吗？因此厌学的孩子还会伴随一个问题：撒谎。

因为父母没有办法接受他说真话、真实地表达，所以他只能通过撒谎来掩饰。孩子知道我说的都是你不愿意听的，可能我表达完又是一顿批评和唠叨，那还不如先不说，那我们就失去了及时抓住孩子求救信号的契机。

如果我们及时给予孩子共情和理解，一起想办法，用适当的行为引导他平衡度过，现在的厌学可能就不会发展成将来的辍学和休学。

下面说说休学、辍学和厌学的本质区别：

想休学、想辍学、不想再去学校了，其实就是想和学校的人与事都隔离开。但是对于青春期的孩子来说，同龄伙伴的重要性远远大于老师和家长。

孩子产生了不想再去学校的念头，**意味着他可能与同龄伙伴的人际关系出现了一些障碍。**

也许是霸凌，也许是遭遇了冷暴力，被同学排挤，还有可能是出现在整体的氛围上，比如孩子学习不太好，被调到最后一排边缘化。久而久之，孩子会觉得被这个环境排斥出去了，他找不到自己的位置，自然就没有价值感和归属感。这个时候，孩子肯定不想再进入到那个环境里，因为他的感受太差了。

最后一个也是风险比较高的，就是**孩子结交了一些校外的不良朋友**，给他带来了更大的诱惑，他遇到了另外一种让他更放松更放纵的生活方式，所以孩子们趋之若鹜，奔向另一种生活。

当然，不管是以上哪种原因，都不是仅仅其中一种就导致孩子完全丧失学习动力的。父母可以多和孩子聊聊学习以外的事，细心地观察孩子的情绪状态，相信一定能够防微杜渐。

厌学不是孩子一个人的事

我做的青春期个案咨询里，每一个厌学孩子的背后，都有一对无比焦虑的父母。家庭中亲子关系问题，父母的矛盾问题，孩子过早和爸爸妈妈长时间分离的问题，教育方式不当的问题，都有可能在孩子心里留下一定情结，也都有可能成为孩子日后厌学的导火索。

当孩子出现了厌学行为，父母要有足够的耐心，先去了解到底是什么原因引发了孩子对学习的恐惧，甚至厌恶，找到可以给孩子支持的点。

有一句话叫："问题出自家庭，显现于学校，爆发于社会。"孩子到了学龄进入学校，如果出现不适应的状况，无论是在学业上、人际关系上、行为习惯上，所有发生的不适应，都要往前推去找原因。当下发生的事，一定不是当下的原因造成的。

厌学是一个问题，但却不是孩子一个人的问题，一定是我们的家庭系统出问题了。借由孩子厌学这个行为，我们应该反思：在家庭中，是时候让我们去看到彼此，多去体会每一个家庭成员的感受。

我当时做过一个个案：爸爸妈妈彼此看不上对方，两个家庭不断地拉扯着孩子，爷爷奶奶、姥姥姥爷，相互诋毁。父母之间，每次对另一个家庭的诋毁，都是在伤害孩子。成年之后，这个孩子自身的亲密关系，一定会出现表达障碍。他有可能像父母一样暴躁或冷漠，也有可能变得极为取悦、患得患失。

孩子的情绪管理，面对压力时处理问题的思维方式、解决问题的能力，大部分会受到原生家庭的影响，而这种影响很大程度会伴随终身。

要帮助孩子面对厌学，父母首先要学会反思和整理自己的负面情绪，面对自己人生的遗憾、对婚姻的不满、疗愈我们自己童年的心理创伤，甚至与我们父母未完成的情结和解。

　　这意味着父母要在支持孩子的同时，去重新认识和调整自己。但当我们面对自己的人生更有勇气和信心时，我们就可以鼓励孩子也拿出勇气和信心，坚信自己的与众不同，坚信自己也有能力和优势改变。孩子可以在父母的支持下，成为更好的自己。

厌学严重程度自测，先识别再应对

当孩子出现厌学情绪，父母一定非常焦虑。为了让家长朋友甄别孩子厌学的程度，我分别总结了轻度、中度、重度厌学的表现形式。大家可以对照着看一下孩子属于什么样的状况。

一、轻度厌学

孩子表现为不喜欢学习，上课注意力不集中，课外不能完成作业，经常出现抄作业或应付差事的情况。**轻度厌学主要是在孩子思想上对学习有抵触。**

二、中度厌学

中度厌学又上了一个台阶，**将思想上的抵触情绪付诸行动**。孩子会出现上课不听讲、不完成作业，甚至迟到、旷课等违纪行为。需要注意的是，中度厌学的孩子一般在学校里会出现人际关系方面的障碍。

三、重度厌学

重度厌学需要家长高度重视，孩子已经升级为心理问题。**对学习充满恐惧，感到自卑；没有办法说服自己再回到学校，也不敢面对老师和同学，倾向于休学甚至退学。**当孩子出现这样的情况，家长一定要找专业人士帮助孩子积极进行干预。

个案中出现重度厌学的孩子大多数都提到过，感觉自己从小肩负着父母委托的人生目标。孩子没有感受过童年的快乐，心里有日积月累的委屈甚至愤怒。他们不是特别调皮捣蛋，很多孩子原来学习成绩也很优秀，但并不知道自己学习的真正意义何在。

厌学不是罪过。当孩子说"妈，我累了，能不能歇一天？""妈，我今天实在背不动这单词了"，家长千万不要急于批评和讲道理。先冷静想想，现在我们让孩子做的这些事，自己当初愿意做吗？

想解决孩子厌学这件事，最重要的一步是允许孩子出现厌学情绪。所有的情绪都是宜疏不宜堵。

针对厌学，结合我做过的厌学个案，给家长朋友们四点建议：

一、厌学的孩子通常都描述过父母糟糕的婚姻

很多厌学孩子的原生家庭父母关系都出现过问题。孩子不是糟糕婚姻的牺牲品，父母把孩子放在冲突中间，彼此不断拉扯孩子，将孩子卷入婚姻的冲突中，会导致孩子情绪非常不稳定。

二、对于厌学的孩子"接纳在先、建议在后"

先允许孩子表达当下的痛苦，真诚地去理解孩子的恐惧，把亲子关系的修复放在解决厌学问题之前，接纳在先、建议在后。

三、培养孩子的心理弹性

爸妈要做好帮助和陪伴孩子一段时间的准备，逐步和孩子一起找到方向，给孩子一些情绪上的缓冲。如果需要，可以对孩子的不良情绪进行专业干预，逐步建立孩子的心理弹性，培养孩子面对逆境的能力。我们要始终相信孩子能回到正轨。

很多家长会问："我是不是告诉他，我对他没有任何期望，他就没有压力了。"

恰恰相反，**孩子厌学过程中，我们一定要看到他微小的进步，给予积极的关注和正向的反馈。**

要时刻向孩子传递：爸爸妈妈对你饱含期望，但同时也愿意积极地等待你能回归的那一天。

四、做愿意调整自己的父母

人的一生在不同阶段都有不同程度的迷茫，父母是孩子的榜样。作为父母，当我们敢去面对人生的不良情绪、自己的遗憾、发展状态的不满、婚姻的不如意，用积极的心态解决我们当下遭遇的问题时，孩子就能看到父母的智慧和勇气，他们也一定会越来越好。

世界上没有完美的家庭，没有完美的父母，也不存在完美的孩子。出现问题，先要敢于面对问题。在孩子最动荡、迷茫、焦灼的时候，父母给到他的支持和理解，是孩子最珍贵的礼物。

孩子厌学，积极等待更有效！

有的孩子能明确说出为什么不想上学，比如：担心无法达成父母的高期待；在学校面临人际关系的困局，社交被边缘化；突然考进了牛校，氛围太卷没法适应；家庭矛盾一直很严重，孩子不堪其扰。

如果孩子能说出具体的原因，都是比较好处理的，我们能清晰地知道卡点在哪，在支持孩子的过程中，可以着重在孩子的卡点上做工作，这样就能够比较顺利地帮孩子突破，回归到校园生活。

比较难处理的是孩子说不清楚他为什么不想去上学了，孩子闭口不谈，就很难找到发力点。

这种沉默特别容易逼疯爸妈，面对沉默的孩子，父母会觉得他就是不想承担上学的压力，此时情绪已经上头的爸爸妈妈一般会先来硬的，批评指责已经不算什么了，有的直接动手。

家长还会剥夺孩子的一些权利，比如没收手机、平板电脑，砸电脑，想要通过惩罚的方式把孩子逼回学校。

在这样的铁腕政策下，父母和孩子之间的关系一定会降到冰点。孩子在父母不断升级的暴力中，最后抛下一句话："你们再逼我，我就永远都不去了。""你们再逼我，我就去死。"

于是，硬的不行，父母开始来软的：灌鸡汤、讲道理，试图通过软化的行为感化孩子。但是父母不可能一直扮演卑微的角色，我们心中也积压了很多委屈和愤怒，于是孩子很快觉察到父母隐忍的情绪，会觉得我们在装、在忍，而这些软化的行为都是为了让他尽早返回学校。

在父母和孩子博弈的过程中，双方其实都在摇摆。

爸爸妈妈会反复问自己："我是不是要这样一味地纵容下去？他会不会变本加厉？"

孩子也在摇摆："我到底能不能信任他们？要不要妥协？"

还有的家长会做出利诱的手段，比如给孩子买想要的衣服鞋子，把上学当成和孩子之间的谈判，这个更不可取，只会加强孩子"上学就是为了父母"这个信念。

如果孩子抗拒的情况比较严重，我会建议家长采取积极等待的策略。

这里的"积极"一方面指父母心态上要积极，另一方面是指要对孩子行动给予积极的支持。我们要知道，不管当下孩子的情况有多严重，孩子总有他们的能力和优势，爸爸妈妈要用积极的态度来看待这个生命本身。

其实不管什么样的孩子，在成长过程中都会产生迷茫，大多数都有过不想再上学的念头，他可能就是想让自己休息一下，或者在思考和整理自己。在心理学角度，这个状态叫做"发展性抑郁"。

孩子脑子里其实有两个声音，理性的声音告诉他："你得赶紧起来，赶紧回到学校去，不要再摆烂了，不然你真的可能会被社会淘汰。"

另外一个声音又告诉自己："上学实在太累了，同学太卷了，压力好大，我受不了，我坚持不住了，我不想再面对这样的人际关系压力，我不想看同学嘲笑我，我真的觉得没面子，现在的我需要一些时间，因为我自己也不知道该怎么办。"

既然是"发展性抑郁"，就代表孩子不会从此一蹶不振，这只是他的一个阶段。在等待的过程中，父母还要给到孩子具体的支持。

一、接纳

我们了解了这只是孩子发展过程中的一个阶段，就要坚信孩子在面对迷茫之后，一定会做出更智慧、理性的选择。

爸爸妈妈不妨先接纳孩子的现状，或者试着放低一点要求，把选择权还给孩子。

我们跟孩子一起找到新的目标和兴趣点，让他感受到我们也在为他的将来做着规划。着眼于孩子有优势的一面，用积极的视角关注他们，始终对孩子保持希望。

二、积极等待

我们要一边等待一边观察，既能看到孩子的摇摆，也能看到孩子细微的进步，及时给孩子积极正向的反馈。比如**用好奇的态度和孩子交流，了解他的所思所想，试着去理解他的烦恼。**

在等待的过程中，也请父母放下自己的功利心，不要总想着试探孩子，"是不是可以了""这个时间能不能给他推回到学校去"。不要有这样的想法。

三、支持

父母要向孩子展示出：我们愿意为你提供力所能及的帮助。我们对于孩子的理想要有支持的态度，向孩子传递一个核心的信念：**爸爸妈妈愿意多给你一些时间，并在我们能力有限的范围里支持你，陪伴你，一起去度过这个动荡的、矛盾的时期。**

爸爸妈妈永远不会放弃你，对你饱含期望，但现在，我们不要求你马上精神饱满地回到学校去，我们也不把送孩子回去上学作为唯一的选择。

要帮助孩子与厌学和解，我们就得先接受，除了支持和等待，暂时我们什么都做不了。

总是不舒服，逃避上学，孩子是在撒谎吗？

孩子不想上学，就会找很多理由：头疼、肚子疼，哪儿都疼。看着孩子撒谎，家长就更来气，矛盾随之升级。

先跟大家普及一个最核心的观点：如果孩子不想上学，并且能清晰地说出身体哪个部位难受，心理学上叫做躯体化反应。医院检查不出问题，但是孩子的难受和疼痛是真实存在的。

心理压力和焦虑可以引发躯体化反应。父母要先知道，孩子并没有撒谎。

12～18岁的孩子对同龄伙伴的渴望远大于家庭，但凡他有朋友，对周围环境感觉还好，都不太会放弃跟同龄伙伴在一起玩的机会，而选择和父母窝在家里。**如果孩子不想再去学校，说明学校环境让他非常不舒服。**

青春期是孩子发育的第二大高峰，心理和生理上都会受到巨大冲击。本身心里就特别躁，加之学习压力这么大，人际关系的氛围也很微妙，老师、同学、家长其实组成了一个小社会，各个层面都有期待和评价，孩子扑面而来的压力可想而知。

层层冲击之下，有几个学生还会想去学校呢？

厌学本身不是十恶不赦的，十个孩子里可能有九个半不爱上学。**想解决这个问题，引导孩子回到正确的价值观上，要先接纳孩子有痛苦的权利。**当孩子发出了求救的信号，先别着急指责评判，别着急给孩子贴下"厌学""撒谎"的负面标签，这时候他只是想让爸爸妈妈拉他一把。

厌学是表象，修复亲子关系才是根源！

很多**厌学、休学、焦虑、抑郁、双向甚至自伤、自残的孩子都有一个共同点：和爸爸妈妈的关系非常糟糕。**

虽然我特别理解父母们的焦急，但我还是想让父母先明白：**我们现在看到的，已经是这十几年家庭教养之后出现的结果。**

想解决当下的症状就得追根溯源，找到问题真正引发的原因。

家长们会觉得自己特别关注孩子的教育，非常注意对孩子的引导，不知道为什么这件事竟然会出现在自己孩子身上？

可是大家知道吗？教育本来就是人与人之间关系的体现。你和孩子说东，孩子第一反应就是"我一定要到西边去"，如果关系糟糕到这个层面，还有什么引导可言？关系不到位，教育引导就没法完成。

这时候父母往往把孩子的行为理解为叛逆或不听话，但真正的原因是我们和孩子的亲子关系不够夯实，以至于和孩子的沟通没办法深入进行。

孩子需要的是耐心地、理解地倾听，但是大多数家长都没做过，导致孩子只能用反叛来达成自身的独立，用对父母的挑战来宣示主权。

尤其孩子进入青春期后，他们开始感受到自己有力量了，会用一系列所谓的叛逆行为向父母证明自己是一个有独立人格的个体。这时候，**家长对孩子的所有引导都要建立在彼此尊重的亲子关系之上，才有可能开展起来。**

孩子出现问题，父母一定急于看到孩子的改变，重点来了：当父母能够放下一定要改变孩子的心，先知道孩子在生活上、学业上遇到了一些他自己没法面对和解决的事，他真的需要帮助；当父母能够放下要求孩子必须立刻做出改变的心态，静下心来去听听孩子心里的想法；让我们先反思一下，在过往这十多年的教养环境中，我们应该为已经长大的孩子做出哪些调整。

这时候，孩子的改变才可能真正发生。我们一定比孩子更有智慧、更有资源，也更有能力。当整个家庭遇到了一些困难的时候，我们能够在孩子面前展现出自信，相信我们有能力和孩子重建信任、平等、尊重的亲子关系，才是孩子发生改变的核心基础。

厌学孩子的内心，绝望到你难以想象

当孩子出现厌学情绪，父母会觉得孩子遇到一点困难就退缩，鼓励孩子克服，硬着头皮上，习惯习惯就好等。面对父母的压力，孩子会更加排斥和逃避，复学之路更变得遥遥无期。这就是我个案中许多休学家庭的现状。

孩子的问题之所以难解决，关键在于孩子和父母的内心状态都是非常糟糕的。如果家长不调整自己的情绪状态，不仅无法支持到孩子，反而会消耗孩子的能量。**孩子会觉得自己在逃，父母在后面穷追猛打。**

孩子之所以恢复得慢，是因为在父母心里有一个根深蒂固的观念：你不去上学，沉迷手机，就是因为任性、贪图享受、回避困难，你本来能做到的，但你态度不端正，不愿意去做。

真的是孩子能做到但是不愿意去做吗？在我4000多个小时的咨询中，大量的案例证明：休学的孩子都特别想回到学校里，他们会和父母说："我坚持一下，下学期我就能回去。""我再休一周，下星期就回学校。"孩子甚至会提前几天开始收拾书包文具，但当返校的前一天晚上来临时，孩子开始焦虑不安，第二天早上甚至起不来。

这证明什么？证明孩子的内心想去学校，可是身体不支持。

想到同学、老师的眼光，会非常恐惧；

想到落下的课程可能再也听不懂，会非常烦躁；

想到考试什么也不会，排名垫底，会非常焦虑。

这时我们把孩子逼回学校，即使他硬撑着去了也坚持不了多久，最后还是会回来的。**那个时候，孩子对复学的恐惧又增加了几分。**

成年人的世界里，人际争斗、事业失败、婚姻破裂都会摧垮一个成年人。孩子的身体、脑部都还没发育好，对于孩子来说，这些压力更会把他压倒！

孩子不适应那个高压环境，一想到那个环境，就会感受到痛苦。退回到家里的孩子内心也是充满了挫败、无助、绝望的！

他们虽然厌学、休学，虽然有网瘾、摆烂躺平，但不代表他是个坏孩子！恰恰相反，他们是一个脆弱的、痛苦的、需要帮助的可怜的孩子。

当我们这样想的时候，我们才能真正地去理解孩子，真心地给予孩子帮助。在这样的环境下，孩子才能慢慢找回力量，逐渐走出来。

厌学孩子真正在乎什么？ 95% 的父母都想不到

我帮助的家庭中，很多孩子都糟糕到已经休学在家了，父母想的和问的还是："孩子到底能不能回学校？还能不能学习？什么时候能回去？大概多久？"

我一直和爸爸妈妈强调，学习这件事是孩子感受到爱、支持，亲子关系夯实的副产品。**孩子热爱学习，有自驱力，对自己负责，是孩子内心有力量，关系稳定时一定可以做到的事情。**每个人感受到被爱、被支持的时候，就愿意努力做得更好，不是吗？

妈妈们可以回想一下，当孩子考试成绩不佳时，我们做出的反应是什么？给孩子带来的是什么样的感受？

孩子能否感受到他的失败可以被接纳？他可以不被评价，甚至每一次排名落后的时候，都不会觉得"我比别人差、我甚至是个烂人"？他是否在现有的家庭系统中有勇气去面对挑战？

学习也好，其他挑战也罢，孩子都是在冲破内心的阻碍去完成这件事。

当父母总是把关注点放在孩子什么时候能复学上，我总想说："如果家长只在乎回到学校这个动作，那很多方法都能复学啊！背着书包，他就回学校了；或者可以威胁他，'你不去上学，我就不养你了'等等。"

然后孩子像行尸走肉一样坐在教室不学习，或者随意填答题卡，这是家长想得到的复学效果吗？复学不难，考试也不难，走进学校，坐到教室，答题卡写上名字、乱涂乱写一通，其实并不难！

难的是，做完这套题孩子就要面临排名、分数、比较和评价；难的是当孩子完成得不如别人的时候，面临的评价是"我是一个糟糕的人"。孩子对自己，对尊重和爱是有要求的，哪个孩子愿意得到这样的评价呢？

我们活生生地把孩子坐在这儿就能完成的事，变成了他无法完成的事！当父母不断地、固着地去求证你想要的部分，去获取我们缺失的安全感的部分，去减少我们焦虑和羞耻的感受，去极大地满足自身潜意识层面的虚荣心的时候，孩子面临的压力会陡然上升。

很多和我做咨询的孩子都会说："Echo，如果我还能回去就好了，我妈就不用这么着急躲着邻居，我想老师也会喜欢我，我爸也不会再骂我妈了。"

你看，孩子难受的地方并不在分数，而是在于后边的评价，以及评价之后各种各样的关系。

在这样的关系里，没有一个孩子不对自己的分数敏感，他自己去敏感就行了，那是他要面对的责任，可我们作为父母，还要把我们焦灼的部分加码到什么样的程度，才肯善罢甘休呢？

孩子躺平，父母与孩子沟通前要做哪些准备？

孩子在家待了一段时间，逐渐开始修复，打开心门和房门走出来，我们开始想与孩子谈心。但当你问孩子有什么规划时，孩子说在家很舒服，暂时没有规划，父母是否需要后退？

妈妈如果状态稳定，目前的亲子关系也夯实，孩子一直没有出现非常激惹的状态。我们可以去找一个时间来和孩子聊。

当然聊是有前提的，你需要判断自己的状态是否中正。什么是中正，就是你只需要在平等尊重的关系中，不带有期待地输出你自己的观点。同时，接纳孩子的一切表现。例如：他不聊，你就退出来，谈话结束。你自己去面对和消耗被拒绝的情绪，你的情绪不投射给孩子。

他聊，你也不过分欣喜，简短明晰表达观点，不要有好上加好，逮住机会过分输出的想法。同样，表达完，就结束。接纳一切结果。

当你自己足够稳，当亲子关系足够夯实，父母自身有能量的时候，可以和孩子"碰撞一下"。碰撞本身，结果并不重要，重要的是，在这段关系中，你们的"爱恨情仇""期待与接纳"就会更加清晰可见。父母对孩子现状的"真假"接纳，一碰便知，你的情绪就代表了你的潜意识。

其次，我们自身有能量的时候，呈现足够稳的状态，且能明确表达自己的意思。例如：不唠叨，不用焦灼的态度来消耗孩子，我们就可以开始准备这次谈话了。

再次，孩子的状态要非常稳定，不焦灼、不焦虑、不发疯。这三点都具备，就决定我们可以和孩子进行一次相对严肃的对话。

复学反复是常态，稳住情绪走向成功

孩子从厌学、休学到复学成功，一共会经历三个阶段。我们一起来了解一下，以便做好准备。

一、困兽期

心理学上叫应激反应期。这要追溯到休学之前，面对高强度的学业压力、糟糕的家庭关系、紧张的人际关系……在无法处理的巨大压力下，孩子会有一系列的躯体化反应，比如头痛、肚子痛、胃痛，包括焦虑、抑郁情绪的发作。

在应激期，孩子会用逃跑的方式来解决问题，如关闭房门，退缩到自己感觉安全的地方。家长看到的只是孩子把自己封闭起来、沉迷手机游戏，用各种方式来缓解内心的痛苦，而孩子就像受伤的小困兽一样，极为敏感，需要躲避到他认为安全的角落里，机警地观察外界，完成疗伤。

这时候孩子会把外界的所有信息都解读为是对他的刺激和敌意，只有保持稳定的环境，才能让这个应激期缩短，一般来说为几周到几个月。

二、平复封闭期

经过了第一阶段的困兽期，父母和孩子完成了激烈对抗之后都很疲惫。经过几个月的时间，父母逐渐接纳了现实，慢慢平复了焦虑情绪，同时孩子也感受到了外部压力的减缓，有时间和空间让自己慢慢平静下来。

在外界环境不扰乱的前提下，孩子现在才可以面对自己内心的焦虑和迷茫，才会有时间去处理在这个封闭期需要面对的自身的焦灼状态。

这时候他可能会持续的黑白颠倒、作息不规律，此时父母尽管没有像第一阶段那样进行强烈的干预，但也会时不时去提醒和督促孩子"早点睡吧""什么时候才能回学校啊"！

封闭期最大的意义在于这是孩子完成自己整合的过程，父母这个时候不定时地推动、加压，都会延长孩子自我封闭、自我探索的时间。

孩子可能会在这个阶段释放出"可以与我做少量的沟通"的信号，但是父母要记住，不是孩子一开放沟通，你就要指向复学。这个时候的孩子还没有准备好。

三、波动期

如果孩子在封闭期时内心获得了力量，心理状态得到了很大改善，到了波动期他就会主动规划重返校园，或者接受父母对复学的提议。

但父母一定要知道，孩子心理状态调整稳定了，并不意味着之前的学业压力、人际关系的压力就不存在了。回到学校，从学习内容到人际关系，对孩子的挑战依然是巨大的，孩子能否适应是父母和孩子将要共同面对的又一关卡。

有的孩子通过改善学业环境，调整心态，重返校园很顺利，但也有部分的孩子会再次退回到之前的状态。

当父母看到希望又再次落空的时候，内心应该是极其痛苦煎熬的。很多父母成功地熬过了困兽期、封闭期，但是却败在了波动期。

我每次都会跟爸爸妈妈说，小河流汇入大海之前，时而蜿蜒曲折，时而激起浪花，会有回转，也会有顺流而下。这就像孩子的生命历程，波动、反复才是正常的状态，波浪式前进是前进的另一种方式。

父母和孩子一起经受这样的波折，在波动的过程中，在困难面前，当孩子看到父母积极的力量，他们的内心会受到鼓舞。

一段时间的波动之后，孩子就会再次回到稳定的状态。虽然在波动期孩子会付出极大的努力，父母也要艰辛地陪伴。但到了平稳的阶段，我们就会觉得这一切都是值得的。

孩子想优秀，但是他不敢！

"想补课，又不想补课。想补课，是怕自己学得不好，没学上；不想补课是想周末可以休息休息，和朋友出去玩玩，不想周末两天都奔波在不一样的补习班。

老师、父母天天给我灌输"学不好就没学上"的思想，让我焦虑；还有学校那些人际关系，时刻要观察哪个人不能惹；

放松的时候玩个游戏，被爸妈骂，打得菜还被队友骂。

我是人，但我不是机器人。我努力学，可学不好会被骂，考不好会被同学嘲笑，上课不认真，会被老师骂。我也想每次考试都考前几名，但有的时候，努力真的比不上天赋。

看着别人的父母会问孩子开不开心、有没有零花钱，我也会流泪。我没有那样的父母，我的父母只关心我的成绩和我有没有学上。"

这是一位初中生写给自己的信。孩子在写这封信的时候，一定很难受，好在写出来也是一个抒发的过程，是一种情绪的舒缓。写的过程中，孩子的情绪级别就已经降下来了。

孩子出现状态不好的时候，父母内心会有觉察。这时候父母心里总想"要不放过他吧！""什么都没有孩子身心健康重要，我怎么能这样呢？"

你会反省自己，在这个状态下，孩子就能够共振出"妈妈在全然地接纳我这个生命"，他是真的这样想。

但之后，如果孩子状态好数学又考了第一名，英语又考了前三名，老师也和你表达了孩子最近状态不错，从原来年级前20名，最近一直稳定在年级前几名。

爸爸妈妈开始不满足，又想"让孩子拿第一""再好一点是不是更好""语文要不要上一个大师班，把作文再上个三五八分""其他的课，是不是得补补了"。

　　目前，孩子受你们潜意识的影响，他不敢表现得太好。只有在你们面前表达伤痛、痛苦、受不了，他们才能换取喘息的机会。

　　他不敢好，好了就会有其他要求，"我只要好，我就完蛋了，我就要累死了"。这就是不完全接纳孩子。明白了吧！孩子复学失败中，一个最根本的原因就是孩子不敢好！

别让分数定义孩子，生命总有无限可能

我身边的妈妈经常会遇到这个问题：孩子的测验考得一塌糊涂，数学、英语分数都特别低，老师也用严肃的语言批评了孩子，孩子心里特别失落，甚至对自己产生了怀疑。

这个时候妈妈非常焦虑，一边希望孩子越来越好，一边似乎又对孩子产生了"确实比别人都差"的自卑。

然后这些妈妈会问我，要不要对孩子说点什么？说什么呢？

我想告诉各位父母：无论孩子成绩什么样，都要让孩子明白，考卷的分数、答题卡，都无法衡量你是一个什么样的人。

冷冰冰的机考试卷只能显示答题卡的对错，却无法显示你是一个热情洋溢、乐于助人、活泼可爱，又或者是内敛含蓄、心思细腻、善良温和的孩子；

答题卡的分数没办法定义你在班级篮球赛中是如何发挥你的能量，给班级争来荣誉的；

答题卡也没有办法去定义你是如何热爱舞蹈、热爱音乐，在你们红五月的歌咏比赛中凭借你的力量让班级脱颖而出的。

所以，无论当前的分数是多少，父母心里都应该有弹性，告诉孩子，你是一个不可能只被试卷分数定义的人，没有任何人和事能简简单单地定义你。生命有无限的可能，现在只要鼓励孩子用自信的、昂扬的姿态走向未来，去迎接他丰盛的生命就足够了。

第四章

躺平摆烂之答案

很多孩子告诉我：我不是不懂事，不是不想好，但我想知道意义是什么？我想知道仅仅是因为我质疑了一些事情的意义，我的父母就如此痛苦吗？

当孩子寻找不到意义时，外化出来的表现就是摆烂躺平。沉迷网络，远离现实社会，无法回到带有竞争感的学校，无法通过分数来标榜价值。

爸爸妈妈经常会问："要不要再推动一下孩子？要不要让孩子再努力一些？要不要相信孩子是真难受、是出现了躯体化的症状？"接下来的章节告诉您答案，交由您自己做出选择。

孩子一直挺好的，为什么突然抑郁躺平？

工作过程中我听到最多的问题就是："孩子之前好好的，怎么突然就焦虑抑郁，突然就躺平了？"

我会问孩子："你知不知道学习的重要性啊？你想不想学习好啊？你知不知道学习好就得付出努力啊？"孩子都会说知道。

在意识层面上，孩子不用我们去讲道理，他们比我们知道得多。**既然知道还要去做又是为什么呢？心理学上，人外化的行为四分之三是受到潜意识的支配。**只有当咨询师和孩子进行深入沟通，进入到孩子潜意识层面，才能获得真正的答案。

孩子抑郁最根本的原因就是他的潜意识不允许他再上学了、不允许他继续卷了，或者不允许他再去接受一些让自己受伤的所谓的挑战了。

那潜意识为什么这样做？是因为他已经觉察到了危险，潜意识开始给他亮黄灯，告诉孩子再这样下去他的身体、情绪状态、神经系统都会崩溃。

为了积极地自救，在潜意识的操纵下，孩子就会用糟糕的行为，比如摆烂、躺平、逃学等方式对外界进行防御。

孩子出现这些情况，证明他感觉自己卷不动了，不能再这样下去，急踩刹车让自己停下来。**因此不管孩子焦虑也好，抑郁也罢，都是为了阻止自己受到更大的伤害。**

孩子躺平的根源，可追溯到父母的原生家庭

老朋友都知道我做萨提亚家庭治疗，专注青春期领域，接触的孩子大多是普通人眼里的问题少年：情绪障碍、厌学、网瘾、抑郁、焦虑、OCD、自残、自伤……

我通常都会给来访的父母普及一个观点：看到孩子出现糟糕的行为后，父母的第一反应决定了事情的走向。

我们从孩子的糟糕行为上判断出了什么？判断出孩子是一个糟糕的人，简直就被养废了？他是一个不知道努力的白眼狼？还是我们清楚地知道孩子糟糕的行为代表他正处在一个糟糕的状态下？

孩子的抑郁躺平，是因为他没有能量了，父母眼中所有的表现好、努力卷、对未来有规划，都是有能量的孩子才能去完成的。抑郁的孩子心里太痛苦了，而这份痛苦已经把孩子压垮了。

我们回顾整个家庭系统，再去看孩子的问题。**虽然从孩子的表现看，他出现的是躺平、抑郁的问题，但是这些问题背后表明的却是整个家庭系统出现了问题！**

这些家庭的父母往往对孩子从小到大都是高度地控制，永远盯着孩子不好的一面，负面地向孩子传递信息，焦虑地拿孩子和别人做比较。焦虑的爸爸妈妈本身在自己的童年就没有被善待，现在对孩子的教育模式源自自身童年的记忆，复刻着他们原生家庭中父母的教养方式。父母糟糕的记忆在新的家庭关系中继续伤害着孩子。这种现象从心理学的角度叫代际传承，是教育当中最难的一部分。

孩子只能通过自己糟糕的行为进行自救。其实这个生命本身是智慧的，因为只有他痛苦了，或者他让父母感受到痛苦了，才可能唤醒执迷不悟的父母，停止现在的教育模式。

如果真的想支持孩子，让孩子走出来，我们要下决心做好三件事：

一、我们先试着真正地与自己的父母和解；

二、看到孩子这个生命本身带给我们的快乐，并且感恩此生的相遇；

三、好好地爱自己，觉察自己，为自己疗伤。

当我们自己都无法做到中正，面对的镜子都是支离破碎的，我们怎么能够照见对面孩子那个丰盛的生命？妈妈只有在疗愈自己的同时，才有可能疗愈整个家庭，真正支持到孩子。这就是我天天说的，只有你自己真的变了，只有你学会了真正地爱自己，孩子才有改变的可能。

我们要放弃的不能是孩子，而是我们的执念

我收到过很多父母的信息——

有的发大段文字向我控诉孩子给他们带来的心痛，描述孩子各种不好的行为；

有的是孩子与父母之间的互怼，句句是刺，刀刀见血；

还有发来大段的语音，声音中充满焦虑、疲惫和绝望。

这些信息最终都会落到一个问题上：我快坚持不下去了，孩子已经这样了，我能放弃他吗？

答案显而易见：谁都不会放弃自己的孩子。

其实父母这样说的时候只是情绪上头，他们需要一个情绪的缓冲地，需要有人共情和理解。

面对躁动难安的孩子，当我们了解了他们正在经历人生的第二生长发育高峰，也明白了他根本就不可能完成良好的情绪控制，是不是我们焦灼的心就能稍微放下一点？有时候父母憋的时间太长了，心里的火也需要一个外泄渠道，这时候孩子再去激怒，父母必然会立刻情绪上头。

家长在这个时候问我要不要放弃孩子，其实我想说的是：**这会儿可以放弃，你先去照顾好你自己。** 两只已经准备迎战的狮子面对面的时候，最后的结果一定是两败俱伤。

养育一个生命真的不是一件简单的事。当我们考虑是否要放弃的时候，不如先想想，这个还不成熟的小怪兽也在经历人生最困顿、焦灼、需要支持的时刻。

我们对他的期待有没有过高？我们是否明白这个年龄段的孩子就是会这样时而躁动、时而忧郁，甚至摆烂？当我们真正明白孩子可以像

咱们年轻时候一样去犯错，去跌倒和尝试，接纳了"听不进父母的建议"是这个年龄段的特质，接受与孩子渐行渐远的过程，是不是现在没有那么绝望了？

有时候孩子摆臭脸，只是在探索自己生命的过程中感觉到了沮丧和失望，那就让他在这样的情绪中静静待一会儿。

我们要放弃的，不是孩子这个生命的本身，而是对孩子一味地指导。未来的路是他们的，他原本就有体验这段生命旅程的权利。父母要做到的就是接纳和放手，不要再去火上浇油。对面是带刺的仙人球，我们就往后退一退，这样才不会扎手。**我们放弃的不是孩子，而是我们的执念。**

接纳会让孩子一直摆烂?

当孩子已经休学在家，父母也逐渐接纳了他的状态，愿意包容孩子，静静等待，新的担忧又随时而来。孩子整天在家不干正事，手机不离手，昼夜颠倒玩游戏。如果这个状态我们一直接纳，孩子会不会觉得很爽，一直摆烂下去?

父母要知道，孩子现在出现的状况是一个"果"，之前一定是有"因"的，比如孩子说"我不适应这个环境、不愿意上学、不愿意写作业"，或者出现躯体化反应，只是当时我们不了解孩子心理发展的规律，没有抓到这个信号及时干预。

我们说接纳孩子、改善亲子关系，就是要从整个家庭系统中、从父母的教养方式中去觉察问题。

父母担心孩子会一直摆烂?我们就来探讨一下这背后的底层逻辑。

首先，父母认为孩子厌学休学是不努力、怕吃苦，缺少抗挫折能力的结果，说白了，孩子在家躺平玩游戏、不回学校，一定是态度有问题。如果我接纳一个态度不端正的孩子，那他岂不是更心安理得了?

你真的以为，躺平的孩子内心不痛苦吗?

你会发现，在家休学的孩子其实是不想出门的。**他不觉得、更不想炫耀自己在家有多开心!他只想关上房门，躲到自己的世界里玩手机。**

他难道不担心，自己和别人不一样的行为会对你们造成影响吗?

他难道不顾忌，亲朋好友知道他的现状后，会议论他吗?

每天面对这样的自己，他难道内心没有一点挫败感吗?他难道真的像父母想象的那样不痛苦吗?如果真的不痛苦，为什么我做的4000多个小时的个案里，有将近四成休学的孩子会出现自伤、自残行为?

我们把心安理得想得太简单了。

既然这么痛苦，他为什么还不回学校呢？答案是：**回去比现在更痛苦！**人际关系、学业压力，甚至是老师的不喜欢，都让孩子感到难以承受。

孩子休学后，很多父亲会站出来指责妈妈，认为是妈妈的溺爱、不及时干预造成了现在这个局面，现在的不管就是对孩子的不负责任，而最简单的干预方式就是把孩子逼回学校！

父母无法接受孩子休学这个事实，其实就是无法面对自己无能为力的感受。

父母在极度焦虑状态下对孩子的干预通常是非理性行为，会受到孩子激烈的反抗，这对孩子的恢复无疑雪上加霜。

孩子厌学是逃跑、退缩的行为。当一个人处于逃跑状态的时候，他是否还能承受父母的穷追猛打和更多的压力？如果我们强迫他回到那个他无法适应的环境里，他是否承受得了？

父母会认为，这些是这个年龄段的孩子本来就应该面对处理的，为什么别的孩子行，我的孩子就不行？

这就是问题的关键，孩子如此难受就是因为情绪出现了问题。无论如何我们要知道，孩子现在处于一个糟糕的状态，接纳他不等于不再对他负责。解决情绪问题才是帮助孩子走出困境唯一的、理性的道路。

权利给孩子后，父母面对的挑战是什么？

当我们把边界和权利还给孩子的时候，我们最大的考验是什么？每一次当我们不再去控制他，我们对孩子的管教方式完全不同了，他会从之前的被压抑，跳到过度补偿，呈现出疯狂的状态。

真正考验父母的不是放手，而是孩子出现最大的爆发。你会发现，我改了，但孩子没改；我信你了，可孩子让我失望了！

曾经很多妈妈都说过："我曾经无数次相信他，但他都让我失望了。"

这个时候我会问妈妈："你那个无数次，是一周，还是两个月，还是半年？"

我想告诉大家，**孩子曾经被压抑的时间越长，他过度补偿、发疯，不可控的时间就会越长。**

所以我们真正的挑战不是放手，而是放手之后孩子的过度补偿和放飞自我。

道理越对听了越炸毛

想象一下你现在是十四岁，正处于青春期，然后感受一下下面这些话：

"你知不知道你已经初三了？知道吗？"

"中考分流了，你天天这么不学无术，打算直接上技校了是吧！"

"我跟你说话呢，你听见没有？"

"你们班同学都跟你似的吗？就一个青春痘，你抠几天了，现在是你该臭美的时候吗？"

"你是不是早恋了？问你话呢！"

"我说多少遍了，不许跟小A玩了，那孩子根本就不学好，我都看见过他抽烟，别让他给你带沟里去！你要是不离他远点，我就找你们班主任反映去，看你怎么办！"

类似的话，熟悉吗？

共同点是什么？——为孩子好！

初三要复习，对吗？——对！

不要过度臭美、不要早恋，对吗？——绝对对！

远离不良少年对吗？——无比对！

可问题来了，孩子的反应是什么？当耳旁风算是好的，说的次数多了，一定跟你怼起来。我们这些爸妈太爱自己的孩子了，也太爱证明自己是对的。**为了证明自己是对的，不惜贬低孩子的审美、判断、相貌和择友能力，这样的沟通只能是不欢而散。**

十几岁的孩子，对我们这样不请自来的建议，只会感到愤怒。当父母真正能从心底放下自以为是的"对"，放下控制、放下指责、放下评判，真正的沟通才能开始；**哪怕我们只是改变了语气，降低了期待，奇迹也会随之发生。**

让孩子越长大越想逃离的三种家庭

一、功利性极强的父母

功利性极强的父母会给孩子一种感觉：不知道你爱的是我这个人还是我的优秀？当我站在人群中闪闪发光，妈妈似乎就爱我；当我感到失败受到挫折，没有达到妈妈的期望时，妈妈就不爱我了。我感觉我就是个耻辱的存在，我永远都得不到我想要的那个安慰的拥抱。

我曾经做过一个案例，记忆特别深刻。一个非常优秀的女孩子从小城市来到北京，打拼出了一片天，但她一直不敢和父母说她的真实收入，因为她只要说自己过得不错，她妈妈立刻就说："哎呀那太好了！你弟弟就靠你了，全家就靠你了！"

这种功利型父母真的会伤透孩子的心。父母只关注结果，可是在过程中，孩子有多努力有多难，你知道吗？

二、思想匮乏、不思进取的父母

孩子进入青春期之后是一个睁眼看世界的过程，他的三观会发生变化。他在整合自己，他有了自己的思想，对于原来觉得理所当然的事会产生不同的态度。

这个时候孩子可能想探讨与生命相关的、有深度的话题。在进行自我探索的时候，不思进取的父母能给孩子的只是一些特别表象的、肤浅的回答。

举一个有点极端的例子，家长只和孩子强调"你不好好学习，将来混不出来，就没钱；没钱，你就只能像蝼蚁一般地活着"。

孩子听了这些就会特别排斥，其实孩子排斥的不是"将来长大要有挣钱的能力"，而是家长这种特别绝对的逻辑。

当孩子真心想和父母讨论一些问题时，父母的匮乏会导致根本接不住孩子的问题，这种时候，孩子就不太愿意开口和我们聊了。

孩子在之前的成长过程中是物质和生存的需求，现在他的需求转变到精神层面了。我们到底能不能在这个层面上支持到孩子，用我们的经验提炼出来的智慧给予孩子真正的引导和帮助？

三、不尊重孩子隐私的父母

父母对孩子的操纵、控制、毫无边界感的侵犯，会给孩子造成极大的心理压力。以爱的名义安排好孩子的每一步，步步紧逼，这样扭曲的打压、密不透风的控制、浓度超标的爱，会让孩子窒息。

一个没有边界感的父母真的让孩子深恶痛绝。成熟的爱是恰到好处，没有边界感的控制和专制、肆意闯入孩子的生活，都只会让孩子逃离得更远。

家有网瘾的孩子走出来了

在我的来访中，有超过八成的父母会给自己孩子定义为有严重的网瘾，在给孩子心理咨询的过程中，他们都会强烈地想知道"如何能够更有效地干预，让孩子尽快解除网瘾"。

那我们就来聊一下对网络成瘾的孩子进行干预的四个步骤。相信当您深度理解每一步对于孩子的支持意义后，孩子最终一定能走出来。

一、不再给孩子贴"网瘾少年"的标签

孩子手机不离手，沉迷网络，这些是由于孩子在成长过程中遇到困难而展现出来的行为问题。

行为问题不叫病！当我们把网络成瘾当成一种疾病，给孩子下了医学诊断时，孩子想变好，就要摘下这顶疾病的帽子，难度和心理负担会更大。

如果家长问我该如何看待这个问题，我的回答是："孩子就是有点喜欢玩手机，但是由于父母干涉比较多，把这个问题搞得有点严重而已。"

我们再换个角度理解一下这个问题，如果孩子长时间看书刷题，大家会给他"看书成瘾，刷题成瘾"的诊断吗？父母会找咨询师针对孩子刷题成瘾进行干预吗？所以第一点也是非常重要的一点，**不过度强化孩子的不良行为**。

二、看到孩子行为背后的需求

十几岁的孩子身心都在飞速发展，他在完成自我的整合，再寻找"我是谁"。青少年的成长，伴随着独立和依赖，伴随着对父母控制的

反抗。

很多父母希望消灭孩子的行为问题，这种希望蕴含的动机却是回避，即"我倾向于回避我和孩子之间关系不好所带来的孩子的心理问题"。

生活中我们看到的很多问题，实际上都是关系问题。试想我们成年人在什么样的状态下愿意接受别人的指导和建议。

比如今天我们在公司开会，领导针对你的方案提出了很多修改建议，如果你跟领导之间的关系融洽，你便会觉得领导是针对方案提出的修改，而非针对自己。但如果你跟领导的关系不好，那么当他提出各种问题时，你就会有自己被针对的感觉，是不是？

孩子也同样如此，他们和父母产生冲突，或者在学校受到排挤和不认同，看似是事件，其实是关系没有处理好。这些长期困扰的关系，在孩子身上像一张无形的网，把孩子缠绕得密不透风，他们为了逃避这些关系，从而选择跑到手机和网络中去。

手机或网络只是一个客观的存在，它仅仅是承载孩子需要投射和发泄的负面情绪的载体，电脑、手机、游戏、网络本身的存在不一定会制造更多的问题。

当我们把孩子躺平、抑郁等种种问题归结于网络成瘾时，是我们希望回避和忽视"在成长过程中孩子与父母、外界的关系出了问题"这一事实，把问题投注到成瘾行为或其他某种事情上，潜意识中也是一种推卸责任的表现。

三、给孩子注入系统的力量，关注现实功能

我经常强调，家庭是一个系统。孩子出现问题，证明我们在家庭这个系统的运转过程中出现了问题。

如果我们只针对孩子进行帮助和干预，那么孩子就会觉得出问题的只有自己。如果想让孩子真正走出成瘾行为，就需要把着眼点放在系

统上，甚至放在我们和孩子的关系上。只有家庭模式改变了，父母与孩子之间的关系变得更健康，孩子的改变才会发生且持久。

我们做个假设：如果我们把对孩子干预的目标定位在"减少网络使用时间，回到学校里去"，听起来好像没什么问题，但究其根本，我们早已把"使用手机"和"孩子能够正常上学"这两件事给对立起来。

一个经常二元对立的人，在人格方面一定有需要提升和完善的地方。理智告诉我们，一个健康、发育良好的孩子，应该是又能玩，又能学，他可以玩手机、上网，也能够学习、写作业。**所以这两件事本身，根本不应该是对立的状态！**

我们帮助孩子进行干预的目标应该是：既能在虚拟的世界里交朋友，也具备在现实生活中和同龄伙伴接触、交友的功能。**父母需要关注和支持的，是孩子走入社会的长远的现实功能。**

四、最后一步，耐心是个法宝

孩子现在的行为问题不是一周、一个月产生的，所以这些行为也不会在一周、一个月之内就被解决掉。

我完全理解父母急切的心情，但同时也想让各位焦虑的爸爸妈妈理解：**通过我们自身两三周的改变，就能让孩子瞬间放下手机，快速回归正轨，是不太现实的。**

我们只有解决了问题的核心层面：父母和孩子的关系，在关系夯实的基础上，所有的引导和支持才有可能发生。如果孩子面对的是冰冷的家庭环境，以及看不到自己真正痛苦的父母，那么他们势必更愿意在网络里寻找温暖和价值。

孩子熬夜上瘾怎么办? 要不要管?

很多家长发现孩子到了青春期精神头就变大了,总熬夜。在聊孩子熬夜这个话题之前,咱们先代入一下自己。

我们为什么要熬夜呢?把孩子哄睡着了,也不用管老公,没事刷刷手机,其实就是干点自己想干的事!明明每天下班回来已经累得不行,但就是舍不得放下手机,不想睡。

我们的状态是什么?我们的状态是那一刻是属于自己的,完全没有束缚,能够做一些自己可以主导的事情,这个时间段会让我们感受到无比的轻松和爽。

孩子也一样。如果孩子经常熬夜,那我们就要反思一下,是不是现实生活中,我们给孩子的束缚感,有点过强?父母盯着孩子的每一步有点太狠了?

孩子熬夜一般会做什么?听完,你们会扎心。

首先,孩子会做一些家长平时不允许做的事情,看家长平时不允许看的视频,然后和同学、小伙伴聊一些敏感的话题,当然也有熬夜玩手机的。青春期的孩子随着生理的迅速发展,荷尔蒙爆棚,也有可能会在这个时候探索一下身体的变化。

越到这个时候父母越要放下焦虑。我们会发现孩子的很多需求都不来自学业,那我们就尽可能地去满足孩子学业以外的需求。

孩子熬夜的底层逻辑就是想要一些自己独处的时间,做一些自己能主导的事,甚至打破常规做父母原来不允许做的事情。

知道了这点,我们就知道了如何去配合孩子的成长。孩子不会因为你的阻止停止生长,他们终将长大。父母的放手就是在这样点点滴滴的日常生活中,一步一步慢慢实现。

孩子自伤时最想听到的是什么？

　　青春期孩子动不动就伤害自己，或者嚷嚷着要自杀，这是父母最揪心的事情。面对这样的情形，我们到底怎么和孩子进行沟通？

　　我从做过的具体个案中，总结了自伤孩子最不想听到的话以及想听到的话。先来说说孩子最不想听到的话：

　　"为什么呀？你怎么又不开心了？爸爸妈妈怎么做，才能让你满意呀？"

　　"我已经要累死了，你能别这么折磨我了吗？你怎么就不能像别人一样，体谅一下你的父母呢！"

　　"为什么别人家的孩子都不像你这么多事啊，成天想那些没用的！能不能积极乐观点，别唉声叹气的就都好了！你出去运动运动，多交几个朋友。"

　　"你还有完没完！一天到晚不是折腾就是哭，我是生了个债主吗？"

　　"你成天'死死死'，就想拿这个威胁我是吧！"

　　"我真后悔生了你，你说我干吗给自己找这么大的麻烦呀！"

　　"好，你爱怎么着就怎么着吧！我也不管你，我也管不了你，我也不想管你了！"

　　"要死是吧！行，你妈陪你一块儿死！"

　　"我问你，就这么点破事，你成天寻死觅活，也就这点出息了是吧！"

　　"我把你养这么大，就是为了让你来折磨我的，是吗？！"

　　"你就是让我来丢脸的是吗？"

　　"你觉得你对得起我们吗？"

孩子只有感受好的时候，才能做得更好。我们尊重孩子能有痛苦的念头，才有可能帮助他们远离痛苦。

接下来再说说这个时候孩子需要听到父母说什么：

"孩子，你看上去不太好，愿意和妈妈说说吗？"

"如果现在不想说，想一个人待会，那就自己待会。"

"等你想说的时候，随时过来找妈妈。"

"爸爸妈妈唯一的愿望就是在此期间你不要伤害自己。你需要的时候，我们一直都在。"

"宝贝，妈妈不会随意去评价你伤害自己的做法，因为我想，你这么做肯定有你自己的理由。你不想和别人分享，是不是因为你觉得没人能真正理解你呀？"

"宝贝你知道吗？妈妈看到你身上的伤痕，真的好心疼，好多次试着站在你的角度上去理解你，但无论如何好像都没办法做到完完全全去感受到你的痛苦。是不是对你来说，这种不被理解的感觉，也会让你觉得很痛心呢？你愿不愿意试着找一个能够懂你的人聊聊呢？"

"孩子，不管发生了什么事，你都可以和妈妈说出你的心情和想法。也许妈妈现在没办法完全理解你的痛苦，也许咱们不能一下就解决所有问题，但是爸爸妈妈在，我们始终陪着你，听你说说话，尽我们所有的能力去理解你。咱们一起去面对。"

"宝贝，如果你不愿意和我说，也可以找你觉得能理解你的人或者你信任的人去说说。无论如何，妈妈都爱你，一直都在这里陪着你。妈妈虽然有自己的想法，但会一直试着去尊重你的想法。不一定非要那么活泼开朗，你只要觉得自在就好。具体想怎么做，咱们也一起商量商量。"

这两种语言对比一下，大家内心的感受如何？有什么新的觉察吗？有时候我们和孩子好好说话，孩子反而会说我们假，为什么？因为我们这样的表达太少了，孩子不习惯我们这样温暖地、直接地表达爱。

还是这句老话：**我们得先尊重孩子能有痛苦、有失望、有真实的情绪，接纳孩子可能已经出现自伤的念头，我们才可能帮他们远离伤害自己。**

　　从这么多年的个案中我听到了无数家庭的血泪教训，真心希望天下所有孩子都能被温柔以待，愿所有孩子此生无伤！

家庭中父母强势，会有两种结果

凡事都包办，永远想用"自己对"来压制孩子的强势父母，和孩子的亲子关系通常会有两种可能：

一、孩子远离你

孩子知道自己干不过你们，为了生存选择忍住，但可能会憋出内伤，选择跟自己较劲。

他不会因为你的强势、打骂就不爱你们、不孝顺你们了，但是当他有一天有能力远走高飞，会头也不回地逃离出去。

如果孩子成就了，可能会给你们寄钱，给你们买东西；如果孩子过得窝囊了，他只要有口饭吃，就不想再回到你们身边。这个时候，看似你赢了孩子，却失去了孩子。

二、自残自伤

他不想就这样被压抑、被控制，但他不会直接对抗，会用迂回的手段报复回去，那就是伤害自己。用自暴自弃、自残自伤的方式让你们痛心，让你们知道，你们看不到他内心的需求，听不到他对爱的渴望，感受不到他对尊重的呐喊时，他会变本加厉地作践自己。

无论是哪一种结果，父母是不是都感受到痛了？亲子关系是孩子来到这个世界上面对的第一重关系。**孩子如何看待、解读这个世界，觉察世界对他是否保有善意，都来源于第一重关系是否能带给他足够的安全感，是否接纳他这个生命的本身。**

我们不要再以爱之名，控制甚至绑架我们的孩子了，归还给孩子体验生命的权利，我们也能收获更幸福的亲子关系。

孩子持续情绪不佳，做这四点帮助他

孩子在青春期时突然变得沉默寡言、不想去上学、不喜欢和朋友交流、睡眠不规律、食欲不振，这种情况会让我们觉得特别无助和茫然。

孩子的以下表现都指向孩子目前处于焦虑抑郁的状态，在这种情境下，咱们如何帮助孩子缓解现在糟糕的状态？

一、试着倾听和理解孩子

当孩子出现焦虑抑郁的状态时，我们首先要耐下心来，试着去理解他，哪怕是陪孩子去看一场轻松的电影，和孩子一起出去逛逛街、散散步，谈一些他觉得有意义的话题等。这样都会让孩子觉得自己是被深深看到、被接纳、被爱着的。

二、及时给孩子关注和支持

关注一下孩子在学校关于人际关系方面的压力，放下我们平时的责备和高期待，支持他在运动艺术等非学业方面的爱好。这可以帮助孩子缓解压力、改善情绪，让他们挖掘自己的特长。哪怕是让孩子独立规划一次全家的旅行，都可以让他们慢慢找回生活中的掌控感和价值感。我们陪伴孩子一起放松身心，给彼此放个假。

三、给予孩子积极的反馈

积极的反馈可以激发孩子的信心和勇气，在孩子迈出一小步的时候，我们要把关注的焦点放在他做到了什么，完成了什么，而不是想着要好上加好。及时肯定和鼓励他们，让孩子收获自信和满足。要知道，孩子感受好的时候才可能做得更好。

四、培养良好的生活习惯

生活习惯其实很重要，比如健康的饮食、适当的运动，如果有这些规律的好习惯，可以大大缓解孩子焦虑抑郁的情绪。

如果可以，提倡大家一起做运动，比如妈妈练练瑜伽、爸爸跳跳绳，这时候咱们不用担心孩子的拒绝。从我做起，我们去影响孩子而非控制他。

如果上面的四点都不好使，那您需要寻求专业的帮助；如果孩子的情绪始终处于特别低能量的状态，没有办法经过家庭和自我调整进行缓解，妈妈们需要及时帮助孩子寻求专业帮助，给孩子正确专业的引导，缓解当下家庭的困扰。

"没劲""没意思"，空心病来袭父母怎么做？

现在抑郁的孩子特别多，如果家里已经出现了抑郁或其他情绪问题的孩子，父母有两点一定要做到：

一、父母时刻关注自己的状态

先不说孩子是不是抑郁躺平，觉得活着没劲。父母自己的生活是否有滋有味呢？我们自己的状态是精力充沛的吗？先去关注这个家里有欢笑声吗？

孩子像照镜子一样看到我们，如果我们每天满脸愁容，又疲惫又焦虑，孩子能看到什么希望呢？

孩子们会产生"我爸我妈辛苦了一辈子，不也就过成这样吗？确实是活着够没劲的"想法，对不对？所以咱们先让自己的状态好起来，才有可能把孩子带动起来。

二、孩子在家里的位置

孩子处于低能量状态，我们可以观察他在家里是一个什么样的定位。他有实际的位置吗？有价值感和掌控感吗？家里家外的小事，都是父母包办，还是孩子自己能做主？

无论在游戏里还是在和同学相处的真实社交环境里，孩子都需要掌控感和价值感，这种成就感会极大地增加他的自信心。

所以有的时候我们要学会放手，把孩子的权利交给他，让他找回内心的自信，这样孩子才会觉得越活越带劲。

爸爸妈妈们不用因为孩子说几句"哎呀，活得没劲了"就特别焦虑，我们当下能做的就是做孩子的榜样。把自己活得生龙活虎，让孩子

看到"原来在生命当中有这么多的可能性，我的爸爸妈妈就活得这么多
姿多彩"，他自然就对自己的生活充满了期待。

孩子在家休息很久了，怎么还不好？

有妈妈问我："我看到一个理论叫'生病获益'，孩子是不是正在利用他现在的焦虑抑郁来逃避现实的压力和竞争，这样就不用回到学校去了？"如果按照妈妈现在的逻辑答案是确定的，孩子用抑郁躺平的方式来逃避竞争。

但任何事情都有 AB 面。我们深入地想一下，**孩子不想上学，躺平就算了，为什么他不能心安理得地躺平？** 为什么孩子必须通过折磨自己、虐待自己甚至伤害自己的方式让父母知道，只有病了才能达到他的期待，才敢去躺平？

因为在孩子的信念系统里，让自己不去卷、不那么辛苦，是不被允许的。如果达不到爸爸妈妈的期待，自己就是那个不被接纳、不被爱，甚至不够好的孩子。

当有了这样的信念，孩子才会通过虐待自己、折磨自己、亏待自己的方式，达到暂时休息一会儿的目的。

想想是不是挺心酸的？亲子关系中，孩子时刻做着判断，他感受到爸爸妈妈的高期待，连自己都不能接受自己原本的样子。

如果爸爸妈妈仍旧聚焦在孩子是不是用抑郁、焦虑来逃避现实，逃避压力而不去学习，**那么孩子就会在这个状态里继续待着。道理很简单：因为我病了，我才能心安理得；因为我病了，才能寻求一刻的安静。**

帮孩子走出焦虑抑郁，这两点缺一不可

当孩子深陷在糟糕状态下，我们一定急于协助孩子走出泥潭。但这个时候，哪些是我们必须具备的基础条件？

一、能量

试想，当一个妈妈披头散发、满脸焦虑地面对孩子时，即使她全力诉说着对孩子的爱，孩子也只会防御甚至逃离。想让孩子走出泥潭，首先妈妈自身要具备积极的能量。

妈妈也许会觉得自己控制得很好，根本没在孩子面前表露出负能量。那回想咱们小时候推开家门，是不是即使妈妈什么都没说，我们也能感受到她是高兴还是这个屋里气压都低？**哪怕妈妈什么都没说，孩子也会真切地知道当时妈妈和家庭氛围的状态。**

我们可能都有过这种经历——孩子突然会问："妈妈你怎么了？又不高兴了？你没事吧？"这时候妈妈会否认，但你看否认得多么无力啊！没有人能隐藏得毫无痕迹，孩子就是我们的潜意识，远比我们自己都了解自己。

所以如果我们是一个焦虑、情绪不稳定、每天皱着眉头唉声叹气的妈妈，别说给孩子赋能和帮助了，只会让孩子逃得更远。因此，要让家庭氛围愉悦起来，父母首先要有自洽的、满满的能量感。

二、关系

人与人之间生发出来的关系都是相互的。我们想把孩子拉出泥潭，把手伸向孩子，可孩子呢，把手背到了身后，不接受，那就一定不会成功。

所以我们要想一个问题：当我们伸手想去帮助孩子的时候，孩子是否愿意伸出他的手？这就是信任的关系所在。亲子关系是否夯实，是我们能够引导和赋能孩子最重要的条件。在亲子关系夯实的前提下，所有的引导才能自然而然地生发出来。

　　当父母不再用焦灼、焦虑、指责和担心去消耗孩子本身的能量；

　　当我们和孩子之间不再情绪倒置，而是我们学会从自身生发出能量，把自己照顾得很好；

　　当我们清理好自己的负面情绪，不再将生活的不如意和负面的情绪下意识地倾倒给孩子；

　　当我们自身幸福感满满时，才能保证我们和孩子之间的引导和协助自然而然地发生。爱孩子，我们就多懂他们一点；爱孩子，我们就先做他们的榜样，照顾好我们自己。

💜 第五章

父母头疼问题之答案

　　孩子的好状态来自我们的好状态！但孩子总会出现形形色色的问题，这些头疼的问题让我们在不知不觉中陷入糟糕的状态。如果我们无法应对这些问题，家庭糟糕的氛围就会一直轮转。

　　本章总结了大多数孩子在青春期让家长头疼的问题及应对方案。当我们看清这些问题，明白了它们的底层逻辑，了解了青春期孩子的特性，才能用更平和的心态帮助孩子。

青春期孩子的八种典型思维逻辑

青春期孩子的想法，看似特别无理，但那是他们这个阶段自然生发出来的逻辑，父母了解了他们的思维逻辑，对于他们的行为也会有更多的理解和解读。

一、我知道你说的是对的，但是我不会听

为什么孩子明明知道是对的，却依然不听？**因为他们觉得：“那是你的想法，不代表我的想法**。即使从你们嘴里说出来的想法与我一致，我也不想再按照这个想法去做了。”

比如，孩子本来已经打算好早点刷牙洗脸睡觉，结果妈妈沉不住气去敲门催促，最后孩子又坐回书桌前刷手机了。就算大家想法一致，但父母说出口，孩子会下意识地不想执行。

二、我要保持独立的边界

很多青春期的孩子认为最理想的状态是：“父母给我租套房自己住，别来打扰我。但如果我遇到了解决不了的事，爸妈得及时出来向我提供所需要的帮助。现在的我不需要父母表达亲密，我需要的是你们及时的支持和保持我独立的边界感。”

三、别再咄咄逼人地命令我

比起父母到底和孩子说了什么，是否有道理，孩子更在乎的是爸妈的说话态度。他们觉得：“我不再是爸爸妈妈的附属品，如果再这样不平等地沟通，不管你说得多有道理，我都不想听！”

四、如果我和别人发生冲突，别问那么多，先支持我

"当你发现我和别人发生冲突、当你接到老师的投诉电话，不管发生什么，我需要看到的是父母对我的接纳和支持。我希望你们在第一时间站到我这边，我需要感受到保护，而不是在大庭广众之下，把我的脸面踩在脚底下。我不希望你们通过牺牲我的尊严来取悦和讨好其他人。其实我是能接受你们的意见的，但那需要关起门来，你们慢慢地和我聊。"

五、不要在我的同学、朋友面前批评我

"同龄人对我的评价和印象，是我现在最在意的。对我来讲，面子真的很重要，比爸爸妈妈想象得重要得多。"

六、愧疚感真的让我想逃跑，想放弃

"你们知道吗？我最不爱听的话就是'我做的这一切都是为了你'。当你们说这话的时候，我会感到非常愧疚，总觉得做点什么来偿还对你们的这份亏欠。面对这么大的压力，我最先想到的就是逃避。我可能不想上学、会装病，但这就是我的选择。我希望爸爸妈妈对我的爱是建立在接纳和尊重我的基础上，而不是用愧疚感把我们绑在一起。"

七、我发脾气是渴望你们停下来好好听我说话

"当我歇斯底里地哭，当我和你们嚷'我要去死了''我不想再读书了'，其实我真正想表达的是，希望你们能停下来，好好地听听我内心的想法。有时候我伤害自己，是希望能换来你们的理解，我不想你们再敷衍地听，而是认认真真地、能听得进去我说的话。"

八、请直接说重点

"爸爸妈妈，别再反复唠叨那点道理，甚至绕很大一圈，最后依然回到你们老一套地想表达的观点上，你们能直接说重点吗？别唠叨我了！"

这就是青春期孩子的八种典型的心情和思维逻辑，父母需要了解一下。

女孩进入青春期，都有这危险的三大困扰

女孩在初中开始发育，有点焦虑，还特别敏感。进入初中，女孩比男孩更早熟一些，心思更细腻，困扰女孩子的事情就会来得更早一些。

接下来我们聊聊女儿们青春期的三大困扰，了解了，就知道如何沟通了。

一、忧郁自卑感逐渐袭来

女孩子进入青春期其实代表着开始逐渐接触社会，她们对周围的人和事，甚至氛围都比过去更敏感。她们慢慢成为少女，生理的变化、身体的发育都会让她们紧张，也会和其他同学进行比较。

女孩子如果发育得过早，更早熟一点，就比较容易产生焦虑，因为她比其他同学更早地面临着身体的变化，可能同时还要面对同学的调侃、议论。学业压力、环境变化、竞争的产生，都会让孩子在心理上产生变化。

二、对伙伴的强烈依赖

女孩到了青春期就不需要妈妈了，但自己又不足够独立，对未来的社会还有一点小胆怯、小恐惧，所以当孩子需要融入一个新的环境，她最不能忍受的是没有亲密伙伴。

因此会出现这样一个现象："妈，你可以说我，但你别说我好朋友。"父母必须明白，在青春期，我们需要关注孩子的交友，更需要智慧地进行引导。如果父母上来就说"你不许再跟×××一块儿玩了，她不是好孩子"，这样只会起负面作用。

三、对异性的关注明显增加

关注异性非常正常，这是孩子心理发展良好的指标。所以父母千万别把"孩子追星、对男孩子产生好感等"视为洪水猛兽，这会加大女孩的羞耻心，也可能会激发孩子的不当行为。

我们经常说，青春期，妈妈的焦虑比孩子的叛逆更可怕。要想不焦虑，那就需要多懂一点孩子。

危险的 14 岁，家长知道这四招就稳了

大多数父母感觉孩子突然变叛逆是在刚过 14 岁的时候。进入 14 岁，孩子们就开始了各种各样的"作"。

有的孩子以前从来不敢和父母表达想法，非常听话，现在直接把对抗搬上桌面，爸爸妈妈突然就要直接面对孩子的对抗情绪。有一些孩子相对严重，可能出现厌学情绪。女孩子有容貌焦虑，男孩子发展不良嗜好，抽烟喝酒，结交小团体……

总之父母的感受就是从天堂直接到地狱，苦不堪言。面对孩子危险的 14 岁，这四招让孩子变回顺毛驴。

一、管住嘴，无声地陪伴

所有的教育和引导首先是人和人之间的关系。青春期和我们关系的好坏，直接决定我们是否能在关键时刻引导孩子。

当孩子忙着整合自己时，父母的唠叨、没有逻辑的东拉西扯，都会让孩子一秒上头，这个时候我们必须管好嘴，用心去倾听孩子内心的声音，此时"无声胜有声"。

有时候孩子烦的并非是你，而是那个被父母没完没了唠叨，没办法安静去琢磨自己事情的状态。孩子最需要自主权利，父母停止过度的评判和指导，孩子才能获得整合自己的空间。

二、表达关心，但不过度干涉

有一句戏言叫"有一种冷叫妈妈觉得你冷"。没错，青春期的孩子正被荷尔蒙撞击着身体的每一个细胞，心里像着火一样躁动难安。本来孩子心里就躁，他们的身体感受、状态和稳定的成年人完全不在

一个频率上。

父母的视角未必是孩子的感受。这时候，妈妈如果不放心可以适度地提醒两次，两次就是极限，不要像小的时候一样高控地干涉。

三、尊重并绝不越界

中国式父母最缺乏的就是边界意识。孩子长大的过程中需要足够的空间整合自己，找到自己是谁，他要用自己的方式去理解这个世界。**有的时候孩子关上房门，就代表他需要通过这个物理边界来完成自己需要完成的事。**

恰恰在这个时候父母总有失控感，会想要掌控孩子的动向，总要求孩子必须把门打开，不允许孩子和我们有物理边界，正如我们不允许孩子和我们有心理界限一样。

可边界感是决定一个人未来是否幸福的根源，没有人会愿意持续地被别人越界。我们肆意地闯入孩子的世界，不带丝毫尊重地去窥探孩子的隐私，从根源上讲是把孩子当成了我们的附属品，没把他当成一个独立的人来看待。

我请问，这样孩子怎么完成自己的蜕变和成长！

四、赢得孩子而不是赢了孩子

青春期的孩子和父母之间充满着较量，原来乖巧懂事的小天使，一夜之间变成小恶魔，张牙舞爪地扑面而来。我们以前能在孩子身上得到的权威感、价值感被扫荡得一干二净。

当我们无法面对当下的冲突带来的糟糕感受时，就开启了战斗模式，吼叫摔打，希望用各种激烈的方式把孩子又一次镇压下去。然后青春期的孩子会用他生命全部的力量与我们抗争，父母这时候往往会败下阵来。一番较量之后，双方两败俱伤，问题却依然没有解决。

当我们面对一个正在蜕变的生命时，要谨记一句话：**父母和孩子之间不是输与赢的关系，不是冲突和挑战的关系。**我们需要和孩子一同成长，我们最终是为了赢得孩子，而不是为了赢了孩子。

孩子的问题大多是父母的映照

我知道听到这个题目，你可能会反感，觉得改变的应该是孩子，怎么最后变成了自己？

我的个案中的孩子都有一个共性，他们对于父母的情绪，哪怕是轻微的表情变化都非常敏感。比如爸爸说着说着话皱了一下眉，孩子立刻会变得紧张。

在日常生活中，这些焦虑和抑郁的孩子观察父母的情绪已经成为潜意识的习惯，看到爸爸妈妈唉声叹气，或者跟他们说话声音比较大，就会问："今天是不是我哪里惹你不高兴了？"即使爸爸妈妈和他解释说："没有，我就是上班有点累。"孩子仍旧不会相信。

他会偏执地认为家长所有的变化，都在为日后与他找茬做铺垫。这时候，孩子就会变得非常多疑、暴躁，情绪不稳定。

在青少年中这样的案例真的不少，真正开始接受心理咨询的时候，我们会发现，这样的家庭背后往往都有很深的家庭纠葛。比如，你会发现他们家里成年人之间的情绪张力很大，爸爸可能总在发怒的边缘徘徊着，妈妈也会小心地试探，甚至唯唯诺诺；或者夫妻的关系非常淡薄疏离没有交流，似乎就在忍着等孩子长大那一天赶紧办离婚。

孩子比我们敏感得多，父母的不对劲、过度的焦虑隐忍，孩子心里比谁都清楚。这种环境下长大的孩子，相比那些家庭环境相对稳定的孩子，就更容易出现焦虑和抑郁的情况。

更糟糕的是，这些孩子成年之后往往会复制父母的模式，比如可能会粗暴地对待自己的孩子，或者忽视，亲密关系往往也不尽如人意。

所以要知道，成年人身上的很多不安全感和恐惧，其实都来自我们小时候的原生家庭带给我们的创伤。**当父母吐槽孩子不够积极阳光的**

妈妈，青春期我想这样过

时候，我们是不是要反思一下，给孩子的生长环境是不是已经充满了无奈和悲伤。

　　都说孩子是一粒种子，在什么样的环境下，就能长成什么样。家庭系统本身就是一个因果循环。爱孩子，咱们就先从自我成长开始。

别忽视这四点，是孩子的求救信号！

危险行为的出现大多和情绪相关，叫情绪失调障碍。这不是情绪化的范畴，而是一种很痛苦的身心疾病。情绪没有皮肤保护，轻轻触碰就会产生极大的痛苦感受。一般会伴有四种信号，这四种信号一旦出现，事实上就是孩子在向你求救。如果发展到了第四条，孩子想自己走出来已经非常困难了。

一、孩子情绪来得特别快，强度极高，并且伴有过激行为

孩子情绪一上头，他的行为立刻就失调了，完全跟着情绪走。例如孩子跟妈妈一言不合就开始激烈地争吵，甚至伴有推搡动手等行为。

二、孩子的想法极端消极，缺少理智，不愿意交流

这是孩子正处于认知混乱的阶段。你可能会看到他的卧室满墙都是英文，但都是骂人的话，是特别消极、黑暗的语言。

三、人际关系敏感脆弱

比如同学很正常地拒绝了他的某个要求，但是孩子立刻感到"自己被背叛了、被抛弃了"，并要立刻给这个同学极端的回击。

四、肉眼可见的恍惚消沉，整个人都是灰暗的

这是孩子进入了自我意识失调阶段。此时他一定会想办法自救，而通常的自救方式往往是自残，因为他想让自己醒过来。这个时候靠他自己走出来已经很有难度，需要进行适度的心理干预。

如果咱们的孩子正处在上述的某个阶段，父母若能给予及时的帮

助，避免高压环境和冲突的加剧，情况很大程度上不会再继续恶化。如果需要的话父母也要和孩子一起寻求专业帮助。

家长的担心，孩子会解读为自己的无能

"你的担心对孩子是一种无形的诅咒"，这是我多年前读到的一句话。你越担心什么，就越容易发生什么，这就是吸引力法则。

关于这句话的感悟，我先分享一个案例，希望能和青春期孩子的父母共勉。

一名高三毕业的女生想和三个女同学、两个男同学一起去毕业旅行，目的地是青海和西藏。父母坚决反对，轮流找各种理由说服姑娘不要去，最终爆发了激烈的冲突。女孩情绪非常激动，父母不知所措，于是向我寻求帮助。

其实，父母担心孩子的人身安全、担心遇到坏人、遇到突发事件不知如何处理、担心他们没法照顾自己的旅途生活等，都是人之常情，**但爸爸妈妈唯一没有考虑的就是孩子当时内心的需求和感受。**

在我的建议下，这对父母终于静下心来，和孩子一起做攻略。他们一起认真讨论在这段旅程中可能有的收获，可能存在的风险以及应对风险的预案。他们的交流有平等，有尊重，有彼此分享，父母接纳了"孩子可以为自己做决定，拥有对事情的判断能力"的事实。在制定了详细的攻略和对突发事件的应急预案之后，孩子马上与小伙伴们进行了分享，并确定了旅行方案，同时将最终方案通报了各自的家长，也得到了家长们的大力支持和认可，事情得到了圆满解决。

孩子在成长过程中时刻在对周围的环境做出判断，同时也用这些反馈信息评判着自己。当他无论和妈妈说什么，妈妈传递的信息都是"你这也不行，我那也不放心"，孩子一路长大，会如何判断自己？是我是有能力的，还是真的不太行？

进入青春期，问题更加升级。你越担心，他越反叛。**家长每次表达的担心，孩子都会解读为是对他能力的否定**。孩子渴望成长，就需要和你的担心做对抗。我们无法想象，青春期孩子顶着个还不成熟的小脑袋，为了证明你是错的，他的行为会有多激进、多离谱。

这么多年，我咨询辅导了太多案例，看到了形形色色的孩子和孩子背后的家庭，越发感觉"境由心生"对孩子的成长影响有多大。

我们会发现，班里独立自信、成绩突出的孩子，都不是妈妈要一直坐在书桌边时刻督促、担心的那个娃；从小呵护的女儿一进入青春期，家长每天担惊受怕，怕她早恋，怕她遇到渣男，从恋爱到婚姻从不放手，在这样的环境下长大的女孩子，往往得到幸福婚姻的概率并不高。

对抗父母的担心是青春期孩子获得价值感、力量感最直接、最快速的渠道，我们的担心变成了孩子发起挑战的动力来源。他们急需一种力量打破你的担心，突围这种束缚感。

在孩子成长过程中，我们作为成年人最难直面的是对孩子长大的恐惧，这会让我们充满无力感。试试看先接纳"孩子是独立的个体，拥有自己的判断权利"这个事实，尊重且平等地和他们沟通，会产生什么样的效果。

我们每一次对孩子表达的信任都会变成对他们的祝福，也会让孩子产生好的愿望。让孩子意识到：自己是有能力的，是值得被爱和相信的，那他们便会更加周全、笃定、负责地照顾好自己。

如何获得让全家更快乐的松弛感？

我记得画家何多灵说过一段特别有意思的话："钢琴家郎朗的手很柔软，柔弱无骨，但是发力的时候却铿锵有力。"咱们就借由这句话来深入了解一下全网追捧的松弛感到底是如何养成的。

生活中，如果我们的情绪持续紧绷，身体就会僵硬，我们所有认定的人和事都必须是满格状态。比如亲子关系：妈妈每天竭尽全力地付出，预期目标是换来孩子的努力和感恩回馈的心；孩子每一次考试哪怕出现一丁点闪失，或者老师电话告知孩子调皮捣蛋，都会让我们无比焦虑；又或者我们要求自己必须是一个好妈妈，总担心自己控制不好消极情绪，影响了孩子，特别纠结。

在这样的氛围里，我们反而经营不好亲子关系，因为在这段关系里，孩子的学业波动和妈妈的消极情绪都是不被接纳的。

松弛感的核心是拥有一个稳定的自我接纳系统，它可以有不同形式的表现；你愿意接纳这件事情以不同形式的发生，并且是好的。我们从本质上相信，我的内在是有力量的，可以处理当下的事情。

如果你也想拥有松弛感的人生，松弛感的亲密和亲子关系，那就先去试着拥抱所有的改变，接纳不同状态的自己。当我们接纳了完整的自己，才可能接纳完整的对方。**当我们接纳了自己不同形式的表达，松弛感自然而然就出来了。**

人生到底有没有起跑线

好多爸爸妈妈都认为这个时代竞争太激烈了，不能让自己的孩子输掉。这样的父母往往在打拼的过程中，确实吃到了读书的红利，在社会上看到了自己的价值，被社会认可，所以就更无法接纳孩子的平凡。

我们会特别害怕孩子在任何一个阶段错失一步，必须确保他赢在起跑线上。可你知道吗？这样执着的想法会极大地增加父母养育孩子的焦虑，而这种焦虑最终也会作用在孩子身上。

想想孩子从小到大，先卷各种课外班，再学几门外语，进入学龄后开始卷各种各样的竞赛。孩子的物质生活的确好了很多，但我们是否能设身处地地去理解一下他们的压力，他们到底是怎么看待自己现在的人生呢？他们对自己的规划、想法是什么？

好多孩子跟我讲过，其实他们真正需要的就是爸爸妈妈耐心地倾听和无条件地支持。孩子不是不想说，是觉得反正说了也没人愿意听！

父母以爱之名给孩子设定了目标，让他们按照我们觉得对的路一路向前、一路加速、一路卷，哪怕孩子已经累得不行，也没有机会停下来欣赏周围的风景。

我曾经给一个弹钢琴的男孩做过个案。他从小就学钢琴，后来在不断地考级。当出现问题后，我问了妈妈一句话："您觉得儿子弹得最好的一首曲子是什么？"妈妈沉默良久之后说："说实话，我从来没有坐在他身边真正欣赏过他弹一首完整的曲子。"

有的孩子跑到了父母认为的终点，可是他没有收获他以为的幸福人生。孩子借由我们的身体来到这个世界上，不是为了体验父母精心为他设计、有精确起点和终点的跑道。我们认为的爱和保护恰恰剥夺了孩子成长的权利。

明明接纳了孩子，可现状一点没变？

家长总问我："我的孩子昼夜颠倒玩手机怎么办？""我的孩子厌学不写作业和老师对抗怎么办？""孩子出现了躯体化症状、有了自伤行为，又怎么办？"所有问题其实都是同一个逻辑，就是拿着已经发生的结果，来寻找改变孩子的方法。

可大家知道吗？作为人类，**最愚蠢的事就是不断重复着同样的行为，却想得到不一样的结果**。当孩子出现激烈的对抗行为，爸妈扛不住了于是好像在行为上做出了妥协和退让，然后向外宣称说"我接纳了孩子"。

但本质上父母只是从一个强硬的控制型变成了一个隐藏、取悦的控制型，从根本上是没有变化的。

我们照样希望孩子按照我们的期待长成我们想要的样子，希望孩子能克服心里的不舒服感，回到他应该待着的学校。这样重复着同样的底层逻辑，却期待着不一样的结果。

我经常和妈妈说的一句话是：**孩子什么时候真正发生改变，取决于父母什么时候觉醒，能够意识到我们自己到底是一个什么样的人。**

在打骂、羞辱、指责、评判的教养下养大的孩子，永远不可能长成温暖、有爱、自信、喜悦、充满幸福感的孩子。当父母放弃妄想，孩子的改变才有可能发生。

老师告状，一定是孩子错了吗？

每个妈妈都面临过这些情况：被老师在群里点名了，追问孩子作业为什么没写，或者作业写得不好，老师让回家返工。搞得妈妈异常焦虑。

说到作业的事，不妨先聊一聊父母对于作业的看法。

在我的家长群里，从事教师职业的人是最多的。我随机在群里做过一项调研：这些老师在他们的教学生涯中是否给学生留过低价值的作业？比如抄 5 遍单词，抄 10 遍课文，其实就是为了留作业而留。答案是肯定的，老师们很真诚地说："有过很多次这样的经历。"

所以父母要知道，作业这件事也分质量高低。如果把作业当成大锅饭，有的人爱吃牛肉，有的人爱吃鸡肉，不可能满足所有孩子的需求，那么完成作业的水平肯定会参差不齐。

"那也不能因为老师留的是低价值作业，我就不让孩子写了呀！老师找我怎么办？"是的，其实真正的难点在于我们如何甄别哪个要写、哪个又是低价值的可以得过且过的作业。

首先，写作业的目的是巩固知识点。我们如何判断孩子对于知识点掌握的程度？是在每一次考核中去判断，因此作业的完成情况是和考试挂钩的。

大家会发现，孩子真正愿意写的作业，都是他擅长的科目，或者是他比较喜欢的老师留的作业，因此孩子不写作业往往不是先甄别哪个是低价值的作业，哪个实际上对学习有促进的作业，而是用自己的好恶标准来判断。

这样不去甄别，随机完成某一门作业就进入了恶性循环，好多孩子偏科就是这种情况造成的。长此以往，孩子对某个科目感觉越来越好，越来越得心应手，他就越愿意往这个科目里钻。

这时就需要我们帮助孩子甄别他的强弱科目，再去判断这个作业对他的科目成绩本身提分是否有利，这是一个关键点。**孩子写不写作业根本的逻辑是这个作业对于巩固他的知识点，在考核中提高分数到底有没有帮助。**

我们希望孩子把一件事情做好，首先要让孩子知道这件事的意义，如果孩子觉得这就是一个低价值的作业，就是一个大锅饭，早就会了，那他很难不糊弄地交上去。

妈妈会问我："你说得挺好的，但最后老师找的是我，那怎么办呢？"回到最初的问题，老师也承认自己会留存在低价值、占时间的作业，说明并非所有作业都有效，这个时候，选择权要交给每一个家庭。

大家的价值观和自己对孩子的要求不一样，每个妈妈是否能帮助孩子去甄别作业价值的高低？是否能理解孩子偏科真正的困难所在？或者我们干脆选择给孩子一个出口，让他偶尔减减负？这是每一个家庭不同的选择，也都应该得到尊重。

"没忍住"？情绪上头不是伤害孩子的理由

"老师，我也知道打孩子不对，但我忍不住啊，他们真气人，我一上头，就上手了，然后越打越生气，越打下手就越狠。"

这话听着让我真上头，我通常会停下来去问一个问题："如果您看到一个像您一样的成年人，用现在的力量和方式来殴打您的孩子，您会怎么做？您一定会扑上去，拼命保护您的孩子，对不对？因为当您看到那个场景，您确信孩子一定会受到伤害。"

虽然有些成年人的身份是父母，但情绪上头时却连巨婴都不如。父母为了阻止孩子看电视，一气之下把电视砸得稀巴烂；为了惩罚孩子考得不好，把试卷撕得粉碎；为了让孩子能够听话照做，可以跪在地上抽自己。这都是真实的案例，是不是想想那个画面都觉得特别可怕。

父母的脸色就是孩子整个世界的颜色。如果孩子每天看父母变化无常的脸，孩子会变成什么样呢？有两种可能：

第一种，孩子可能会乖巧懂事，因为他真的害怕了。怕自己一旦再做错事，会遭受惩罚，爸爸妈妈会发飙。

孩子只能把父母的情绪照单全收，还要默默地去收拾他们砸坏的一切。孩子每天小心翼翼地去讨好父母，长大了自然也习惯去讨好周边的人。

第二种，有的孩子会直接继承父母的坏情绪，长大后像父母一样无法管控好情绪，是情绪的巨婴，用同样的方式复制着父母的亲密关系和亲子关系。

相信不管是哪一种，都不是父母希望看到的。

我们小时候，父母的教育理念有限，**我们管不好自己的情绪可能是因为小时候没学会如何接纳自己的情绪，如何表达愤怒。可是这不代**

表我们现在可以依然保持现状。

我们已经成为这个小小孩原生家庭的重要养育人，爱孩子，要从做成熟的爸妈开始，用更智慧的方式表达爱，让我们的孩子不再受到父母坏情绪的伤害。

容易陷入焦虑的高敏感孩子什么样？

每个孩子的敏感度都不一样！高敏感的孩子占整体人群的 20% 左右，这类孩子具备哪些特征呢？

第一，非常敏感，对每一个人特别细节的变化都会很关注，甚至会引起他这样那样的想法和反应。

第二，高敏感的孩子自尊心很强，别人说一句话，他都可能觉得是不是在影射自己；或者感受不好了，就怀疑别人是不是都不喜欢他，他们往往自尊心极强，不太能打开自己，因此人际关系也会比较敏感。

第三，比如大家都在楼下玩，玩得挺好，高敏感的孩子突然不玩了，可能会和妈妈说不想和其他孩子玩了，因为他们都不喜欢他。这类孩子会过度解读别人的行为和言语。

高敏感的孩子还有更重要的一点，叫低自尊。其实他的自尊非常强，但内心是自卑的，害怕别人瞧不起他，因此有的时候也会过度地表现自己。

放下"拯救心"，没有谁必须为他人的高兴负责

爸爸妈妈经常抱怨孩子长不大，情绪不可控，我通常会问："有的时候我们看到孩子放学回家愁眉不展，一副苦瓜脸，你心里能全然接受孩子的不开心吗？"

我们看见孩子不高兴，是不是我们自己心里也会感受到不安，会不会特别想知道原因，甚至做饭的时候都有点心神不宁？想着一会吃饭的时候，用什么样的方式哄哄孩子，让他告诉我们发生了什么？

其实此刻的你，就是在为孩子的快乐、情绪负责。你迫切地想把孩子从痛苦中解脱出来，会不断地迎合、满足、投喂孩子，所以好多妈妈会觉得特累特疲惫，是因为你所有的能量都给了孩子。

我们必须知道，十几岁的孩子经历情绪波动、自我整合内在冲突，是他成长的功课呀！**他需要完成自我挣扎和疗愈的过程，才能真正走向成熟**。这时候的孩子需要时间和空间，自己承担部分责任慢慢前行。**如果每次孩子不开心，妈妈的第一反应都是"我去哄"，那么孩子永远都发展不出来情绪的自我调节能力**。我们觉得这是对孩子的关怀，其实是阻碍了孩子生发出自我情绪的调节能力。

不光亲子关系是这样，任何一段关系都是这样，让别人开心不是你的义务，调整好自己的情绪再往前走，是我们每一个人要面对的人生课题。最后咱们把话也反过来讲一遍：在我们的人生中，其实也没有人有义务要一直哄我们开心，不是吗？

警惕"毒友谊"，它比早恋更可怕！

孩子在友情里受到创伤，远比爱情的伤害要多。十几岁的孩子把友情看得很重，但不是所有的友情底色，都是友善和真诚的。这里会有嫉妒，有攀比，有排挤，甚至有伤害。

当我们发现孩子和小伙伴一起玩的时候，总是习惯讨好别人，用牺牲自己的方式获得友情。而对方对于孩子的牺牲、妥协非常心安理得，我们的孩子会为了这份感情，时常感到不开心，甚至会哭泣，怀疑自己哪儿做得不好，在这段关系里充斥着嘲笑、评判，甚至贬低。

如果是这样，孩子就可能正在经历一段有毒的友谊关系。这时我们只是阻拦一段关系的发展，一定是治标不治本的。

为什么孩子会对一段并不开心的友谊恋恋不舍，很多事不想做，但是不敢直接拒绝别人；希望别人给他帮助的时候，又不敢提需求；特别渴望得到伙伴的肯定，这样心里才踏实，有信心。如果这是我们孩子交友当中的真实写照，这时候父母就需要给孩子一些支持了。

每一种关系形态的形成都和原生家庭以及从小生活的环境直接相关，孩子和父母的关系就等于孩子和这个世界的关系，这个时候，其实父母需要觉察一下，孩子为什么会用牺牲自己的方式来和同伴交流呢？

这样的行为背后，其实是孩子从小习惯在用讨好的方式去索取爱，从而得到安全感和关注。回到孩子的同学关系中，他也容易复制这种模式。孩子从小心里总有一丝委屈和恐惧存在，久而久之就形成了讨好型人格。

想要帮助孩子，父母首先停止用威胁来教育孩子：每一个讨好型人格的孩子背后，都有一个拿威胁来教育孩子的父母。**甭管孩子多大，生存都是本能，父母把握着孩子生存质量这件事，来和孩子谈条件，绝**

对不可取。

我们要多鼓励孩子说出真实的想法，不愿意就直接说不要，允许孩子表达不喜欢。要明确地告诉孩子：

如果你的朋友让你感到不舒服、感到委屈，要果断地直接表达出来。

世界上没有人能够得到所有人的喜欢，但无论如何，妈妈都是无条件爱你的，你值得一切最美好的爱。

不管你多努力多友善，在这个世界上也会有人讨厌你，甚至嫉妒你。世界上没有十全十美的人，我们更不必为了别人的一句肯定而去讨好别人。

爱你的人，无论怎样都会爱你；讨厌你的人，无论你怎样做，他都不能和你在同一个频道上。

勇敢地去感受这个世界带给你的所有体验。因为你值得！

成熟的母爱从妈妈体面地退场开始

母爱就是一场渐行渐远的别离。成熟的爱，从母亲体面地退场开始。妈妈在孩子人生中的七次退出，成就孩子的一生。妈妈与孩子之间得体的分离，有边界的分化，是给孩子这一生最好的祝福。

第一次：3岁，退出餐桌

让孩子有机会自己去掌握主动吃饭的技巧，体验动手的乐趣，让他知道——我自己也可以。

第二次：6岁，退出浴室

尊重孩子的隐私，让孩子开始独立洗澡，建立身体的边界，是孩子认识世界、保护自己的开始。

第三次：8岁，退出孩子的私人空间

再亲密的关系也要给孩子留有独立的空间，物理界限的清晰和身体边界的清晰一样重要。

第四次：13岁，慢慢退出家务劳动

老话说：妈妈越懒惰，孩子越独立。让孩子承担一些家里的责任，干些力所能及的事，他会更有价值感和归属感。

第五次：18岁，不再帮助孩子做选择

孩子已经成年了，他有了对自己人生负责任的权利。把他的权利还给他，让他开始为自己的人生做选择。平等尊重、相互交流是这个年龄的孩子最需要的。

第六次：婚后，退出孩子的家庭

孩子长大了，他有了自己的小家，他需要为自己的家庭营造空间，他需要学习如何担负起他应有的责任。有一句话是这样说的："所谓父母子女一场，只不过意味着你和他的缘分，就是今生今世不断目送他的背影渐行渐远。孩子用一生与你告别，而我们能做的就是告诉他路上小心。"

把我们的爱变成一场得体的退出，用我们的退出成就孩子的一生。

亲子间最好的状态：我们是彼此的骄傲

我儿子小学毕业时给我写了一封信。他在信里说："妈妈，不管你多忙多累，你从来没有以疲惫不堪的状态去学校门口接我，我也从来没有听到过你的抱怨。你总是特别热情地接待我的小伙伴到家里来玩，他们都羡慕我有这样的妈妈。我心里更是骄傲极了。"

我也录了一个 1 分 26 秒的小视频给儿子作为毕业留念："儿子，你从小就热爱体育，再苦再累、刮风下雨，你从来都不放弃训练！一路成长，你成了小男子汉。在妈妈心中，你永远是我的骄傲！"

等我们收到彼此礼物的时候，真的特别感慨，因为我和儿子都用了"骄傲"这个词。

每个父母都会说孩子是自己的骄傲，但不一定每个孩子都会说父母是他的骄傲，因为成年人有时候为了鼓励孩子，会有善意的谎言，而孩子不会对自己的内心撒谎。**爱孩子真的不是为他做得更多，而是体察他的小情绪和内心的需求。**

当我们爱自己、爱生活，孩子的幸福感也会油然而生。我们在球场旁为孩子声嘶力竭地呐喊助威，我们志忑地给他做好中考前的早餐，我们忍不住炫耀孩子考上了重点中学，我们为孩子的成长也会彻夜难眠，捧着他的奖杯，就好像咱们自己是个胜利者。

这时候，咱们也不要忘了给自己松松绑。咱们不一定要做那个无所不能的妈妈，能照亮孩子就已经很棒了，不能为了孩子，燃烧殆尽了自己。

最重要的一点，咱们真的无法想象孩子是有多爱父母。我们做个让他骄傲的父母，真的是个特别棒的选择。所以从现在开始，做个漂漂亮亮的、光彩照人的妈妈，做个会发光的妈妈，这一定是孩子内心最爱的那个妈妈。

❤️ **第六章**

父母成长之答案

　　我们带着自己曾经在原生家庭的伤，支离破碎，伤痕累累，却又貌似完整地去组建了一个新的家庭。我一直跟大家讲，作为一个成年人，收拾好自己，是我们每一个人的功课。当我们把自己没做完的功课带入新生的家庭中，我们会发现自己在逼迫着孩子，捆绑着孩子，一起去继续完成这个功课。但每一个人都有自己必须面对的人生课题……

做 60 分妈妈，孩子人生一路开挂

"做 60 分妈妈"一直是我秉承的育儿理念，但我们说的这个 60 分可能和您之前理解的有点不一样。

这些感悟完全来自我多年来给孩子们做心理咨询的经验，听完之后，相信您一定会有不一样的觉察和体验。

妈妈只做了 60 分，为什么孩子还能一路狂飙、自我驱动力十足呢？

一、100% 最后会打几折？

首先我们都需要反思一下，我们现在的育儿观是百分之百正确吗？我们当下给孩子灌输的理念一定是对的吗？如何印证呢？至少要等到孩子成家立业，看到他有了人生的智慧，有了获得幸福的能力，才能最终印证我们的育儿观点可能是正确的。

换言之，孩子现在考个好大学，至少在我看来，应该不是一个终极目标。

进一步说，即使您觉得您的育儿观点百分之百是正确的，但是在执行过程中，是 100% 正确吗？

我是正面管教的双讲师，既践行正面管教，也给家长进行培训。在培训过程中我看到很多经历过培训的妈妈都在用错的方式践行对的理念。比如正面管教中"和善而坚定地和孩子沟通"。很多妈妈不了解和善而坚定应该怎么做，到底怎样才是真正接纳孩子？于是妈妈就变成了"我只要不嚷就是对的""我只要憋着火挤出笑脸，跟孩子说：'现在是你关电视还是我关？该睡觉了，你应该知道呀！'"笑面虎般威胁孩子。

说到这里，您还觉得养育孩子您做到了100%吗？做60分妈妈，无论您用的方式是对是错，折中一下，至少不会背道而驰。

二、从60分悟真谛

如果考试时我们把目标定在60分，是不是觉得压力一下小很多？不会纠结到睡不着觉，考试时也会选最有底气最擅长的题来做，发挥自己的最大优势。做60分父母能让我们发挥最大的育儿优势。您擅长什么，就引导什么，用您擅长的部分主要帮孩子在这个方面提升。

1. 60分意味着有规划，有抓大放小的空间

当你决定做60分的父母，其实就是在规划你的育儿之路。哪些能给孩子空间，让孩子也喘口气，毕竟自己也不擅长？哪些是我们重视的、不能忽视的，而且有能力引导好的，这个时候我们就果断上手。有了直击本质、抓大放小的核心逻辑垫底，孩子也就知道了我们的底线和规则，其实双方都能轻松点。

2. 做60分妈妈情绪也更稳定，家庭更和谐

60分不难做到，所以妈妈们不容易焦虑和抓狂。追求高分值的父母一般情绪不太稳定，因为这些父母给自己身上绑定了太多的要求和压力。时而踌躇满志，我必须干到底，时而受挫又自暴自弃发脾气。过山车式的育儿，让全家都不知所措。

要知道妈妈情绪的稳定、期望的合理化，都是对孩子成长最好的礼物。做60分的妈妈，给孩子和自己都留出了探求和上升的空间，也给家人创造出更惬意的环境。

60分的妈妈，同时可能也是80分的妻子和90分的自己，这不都刚刚好吗？任何表面太过完美的人和事，都有可能背离真实，因为有瑕疵才是常态。做60分的妈妈，这是老祖宗留下来的中庸之道，善于把握

动机，审视环境，因地因时制宜。不躺平、不摆烂，不鸡娃也不被卷，做 60 分的妈妈，能让孩子的人生一路开挂。

做摧不垮的中年老母

现在有个超级火的词叫中年老母。中年老母区别于辣妈和我们这样的传统母亲。一个"老"字，透露出中年老母亲各种心累和无奈。

前不久，我看了格十三的《了不起的中年妇女》，其中有一段把中年老母亲描述得特别生动。中年老母亲自己病了，带病给娃辅导完功课之后，自己冲到医院挂三个小时的吊瓶。

三个小时的时间，她肯定要上厕所，然后就出现了这样一幕：脖子上挂着包，嘴里咬着手机，一手拿吊瓶、一手提裤子。我看到这段的时候当时就崩了。这个情景，咱们熟悉吗？在我的人生经历中有过好几次相似的经历。

可咱们也曾经是手捧鲜花被人满世界追的小仙女，大学里也曾经是某人的白月光，还曾立志要潇洒过一生。

怎么活到中年，结婚生娃后，却过成了这样？

总结一下，我们有个云配偶：他们成天在天上待着，你找的时候，他不可能下载到本地；关键是你有事找他的时候，找的过程比解决问题的过程还要困难，不如自己早点把活儿干完。有一天大哥回来早了，孩子们吓一跳，家里的狗都不适应，然后他开始无限地刷自己的存在感：掺和进来教育教育孩子，帮着在厨房收拾收拾东西，他掺和哪里，哪里就一地鸡毛！

不过我现在挺释怀，所以和姐妹们多聊几句。你说咱们现在有多漂亮吗？肯定不如年轻时美丽动人了，所以也该少一点不切实际的幻想，认清爱情的本质就是平淡的，生活的底色就是一地鸡毛，没啥大不了。

如果能接纳老公就是个摆设这个事实，那咱们也能把日子过得有声有色，这时候就提炼出了中年老母的优势。

孩子大了，我们也要慢慢学会为自己而活，有一些迷障真是要到了中年才能看明白，有些本事到了中年才能发挥出来。**智慧更是如此，没淬炼，哪里来的智慧？**所以咱们得坚信，岁月从咱们身上拿走点什么，也会给咱们留下点礼物。我们也会挣扎焦虑，但都是周期性的。我相信，内心的淡定和从容也一定会如约而至。

少些抱怨，我们可都是摧不垮的中年老母啊！所以再苦再累都得爱自己，无论在什么情况下，都得学着为自己而活。一起加油，做摧不垮的中年老母！

被支持、温暖着的妈妈，才是家里最好的风水

我们作为女人，要承担妈妈和社会人的双重角色。又要上班，又要照顾家。面对家里的一片狼藉，面对独自支持躺平孩子的任务，我真的觉得太累，太委屈了。

从孩子出生那一刻，他们对妈妈的依赖就是百分之百的，每个妈妈都在持续不断地去付出，去爱这个孩子，源源不断地呼应着孩子的任何需求。

妈妈牺牲了睡眠的时间去哺乳，把自己的形象完全放在一边，甚至已经记不起自己的爱好是什么，更没时间顾及自己变形的身材。

去一家好的餐厅安稳地吃顿饭，看一场让自己开心的电影，这简直是太奢侈的事情，我们全然地牺牲自己来适应一个孩子的到来，适应这个婴儿的需要。我想不管现在的孩子快乐与否，曾经这个孩子背后都一定站着一个愿意为他倾尽所有的母亲。

每一次面对这样的妈妈，她们总是说："我想变成在家里最重要的存在，对孩子对老公好，我想情绪稳定，我想快点让孩子走出来。可是我真的做不到，别说支持他们，就是让我保持快乐、平静、稳定都很难。"

此时很多姐妹会感到非常沮丧和挫败，每一次面对这种沟通，我内心也都特别不好受。

面对这些姐妹，我脑子里浮现出的画面是：一个还没长大、带着对世界的稍许担心和恐惧，还有对自己的一些失望和沮丧的小姑娘，在没准备好的时候突然就被推到了妈妈的位置上。

她们的内心非常害怕，她从没想过妈妈这个词原来这么复杂，妈妈这么难当。当她成为妈妈，她感受到的不是支持，而是身份给她带来

的无穷无尽的限制和要求。

因为你是妈妈，在这样的环境中你就要付出更多；因为你是妈妈，你就要有更平稳的情绪。但当妈妈被迫接受种种的要求时，在家庭中却得不到任何切实的支持。

这些支持来自老公稳定的爱，老公更多金钱和物质上的安全感，养育过程中其他家庭成员非常有义气地分担，但是妈妈没有得到她应得的，只有不断地被要求。

妈妈这个词没有那么神圣，我们完全不用认为自己是一个母亲，就必须与生俱来地携带"与孩子共情""体恤爱人"的功能。我们并非做了妈妈后，就等同于已经具备完美妈妈的特质。

每一个妈妈都是从一个女孩逐渐成为一个女性，再成为妈妈的，这个成长的过程需要引导和帮助，更需要切实的支持和体谅。

这个可以给予妈妈更多爱、体谅、支持的最佳人选就是孩子的爸爸。当爸爸可以好好地爱妈妈，做些让妈妈开心的事儿，送给妻子心仪的礼物，好好赚钱，分担家务，同时照顾孩子，真正用爱，用实际行动去给到妻子支持，把从对妈妈的要求变成对妈妈的支持，那么这个妈妈就会越来越好。

妈妈本身被看到，她就拥有了成为更好的妈妈的能量，妈妈越发稳定成熟，也会让家和孩子越来越好。

妈妈在童年得到的爱很少，就先别着急拯救孩子

假如一个妈妈，童年时候得到的爱很少，长大后这个女孩就会产生一个信念："我要给我的孩子不同于我的体验，我不要像我的妈妈一样，我要做一个完美的妈妈。"但遗憾的是，这样的女孩，她的成长体验没有告诉她该如何好好去爱一个孩子。

在我们的人生中，原生家庭的影响在潜意识里持续发挥着作用，童年的不良感受，以及这种感受带来的负面情绪甚至创伤，对成年后的我们都会产生很大的影响。

比如当父母看到孩子的某些行为时，一秒上头，根本无法控制自己的脾气，继而对孩子大喊大叫。父母此刻表现出的迅速上线的模式，恰恰就是父母曾经对待他们的方式。

我做青少年心理咨询，每天面对的是大家认为的"问题"少年，这些孩子后面，往往站着一个焦虑不安的妈妈。

这时候，作为专业的心理工作者，我除了看到妈妈的高控模式对亲子关系的伤害，也会看到妈妈是一个童年没有被善待的孩子。家庭暴力、父母感情冷漠、需求被忽视等，妈妈们经历过的这些原生家庭的伤痛，会在潜意识中不经意投射到自己的孩子身上。

最主要表现有以下三点：

一、原生家庭的伤害，会让妈妈内心带有恐惧、不信任、不安全感等负面情绪，这些情绪会影响到母亲与孩子之间的情感沟通和理解。妈妈看到孩子糟糕的行为，首先会触发自身恐惧的开关，歇斯底里地吼叫孩子。高控孩子的背后，恰恰是面对内心恐惧不安的失控表现。

二、原生家庭中的伤痛，会影响妈妈本身的情绪调节能力和应对压力的能力，导致妈妈在育儿过程中出现焦虑、抑郁等情绪障碍，进而

影响到亲子关系的质量。

三、母亲在原生家庭中受到的伤害，可能会使她对自己的孩子过分关注、过度保护，失去养育过程中对孩子的弹性。在母亲潜意识中，自身情感模型是依赖共生的，母亲会下意识地限制孩子的发展和独立性。因为妈妈爱得太深，和孩子共生的太严重，所以极大地阻碍了孩子自身的人格发展，这种情况下的母亲通常无法提供孩子需要的信任和支持。

受原生家庭伤害的母亲，在教育孩子方面，有的会过于追求完美，对孩子要求过高；有的会因为过度关注孩子的情绪感受，而忽视了他们的行为规则，她们总是在高控和溺爱之间，不停地切换。

说这些不是为了让妈妈们自责焦虑。我们是孩子的养育者，也是孩子情绪的缓冲器，但更是我们自己。

就像坐飞机遇到危机时，我们都知道，正确的方法是在给孩子带上氧气面罩之前，我们要先自己戴好氧气面罩。

父母自身的人格健康，是保证孩子健康最重要的因素。只有我们自己知道了什么是爱，才能让孩子在爱中成长。

夫妻关系搞不定，孩子早晚出问题

在做个案的时候，很多家长都疑惑我的行为，明明是来聊孩子的，为什么我总是问夫妻关系怎么样？

心理学有一句话：不谈亲密关系，就没法解决亲子关系的问题。

足见夫妻之间的感情对于整个家庭系统、亲子关系之间的影响有多大。

先来说说底层逻辑。表面是孩子出现了问题，比如厌学、网瘾、与父母的冲突，实则所有的问题都是症状，是这个家庭系统出现问题的征兆。

如果父母关系不和，家里矛盾不断，语言暴力甚至上升到肢体冲突，家庭氛围很冷漠，父母之间零交流，孩子完全感觉不到家里有爱的流动。这时候，孩子往往会选择站出来，通过他自己出问题的方式缓解父母之间的激烈冲突。比如生病、出现不良行为、早恋、网瘾、学习下降要请家长，孩子在通过这些方式让父母把焦点、精力回到自己身上，避免父母之间的相互攻击。

我特别想和父母说，当你们每一次吵架的时候，孩子都在被动地去否定一次他生命的来源——爸爸妈妈。

无论哪一边占上风，孩子的另一半都会受到被动攻击，这时候孩子不仅是恐惧的，也会疑惑甚至厌恶自己，觉得就是因为自己的到来才造成这样的情况，会特别倾向于往外跑。

在这样的氛围里，孩子无法喘息。他们在外面结交小群体，大家会说孩子不学好，其实他是通过一个群体的链接，找到自己的归属感甚至安全感，来满足他内心恐惧和缺爱的部分。

知道了夫妻关系大于亲子关系，我们只有把与自己白头偕老的那个人照顾好，孩子感受到父母之间的相濡以沫，在家里才能有足够的安全感。在未来的亲密关系上，也才有了学习的榜样。

我们爱孩子，但绝对不是把亲子关系凌驾于夫妻关系之上。同样，夫妻之间有了问题，也不要过度拉扯孩子进行站队。

好的家庭一定是爸爸爱妈妈，然后爸爸和妈妈一起爱孩子，这个时候孩子感受到的爱才是完整的爱。

做不焦虑妈妈，不是态度而是能力

女子本弱，为母则刚。妈妈不是超人，却可以为了孩子无所不能。怀孕分娩的痛，远不及熬夜哄睡、喂奶家务的琐碎日常更具挑战。无止境地忙碌，让曾经也是小姑娘的你忘却了自己，只记得妈妈的身份。

找我做个案的年轻妈妈越来越多，看到她们面容依然姣好，但身体却疲惫不堪，一边向我诉说家里的事情，一边就像抓住了救命的稻草，那一刻我的情绪很难平静，整个心都不由自主地被她们牵动。

这样的妈妈在诉说自己心事的时候，往往是焦虑不安的。她们对自己的要求特别高，可能被家人指责带不好孩子，或者总是谴责自己为什么又控制不住情绪，对孩子怒吼。整个人对自己充满了自责和不接纳。

妈妈也曾经是个小姑娘，是爸爸妈妈手心里的宝。没有谁规定我们有了家庭有了孩子，就要立刻做一个合格的好妈妈。作为一个 40 岁才有了二胎的心理咨询师妈妈，我给年轻妈妈三点建议：

一、让自己在每一件小事中尝试拥有轻松的感觉

当妈到底有多累？当过才知道！家里的大情小事，买菜做饭收拾家务，每件事都要亲力亲为。吃完饭陪老大上课，陪老二睡觉。职场妈妈还要兼顾上班，更没有任何喘息的机会，24 小时连轴转。这样的状况，任何一个人都会崩溃的。

让自己喘口气，这是你的权利。 不如我们从现在开始尝试，在安排所有事情的时候列一个优先等级，哪些事情必须做，哪些事其实能偷个懒，让自己稍微轻松一点。一周中哪怕有两三天给自己松松绑都是好的。

二、允许自己偶尔发个脾气，或者有点小脆弱

我们从小就被教导当女孩要温柔，做妈妈要有耐心，但没人告诉我们当妈这么累，所以我们更要对自己宽容点。

如果把妈妈比作一个容器，只有当我们有个好情绪，把容器排空，才能有地方接纳孩子。对自己苛刻就容易对孩子上头。吼完又内疚，负面情绪滋生，这是一个恶性循环。不如先接纳自己，发脾气就发了，谁还没有个崩溃的瞬间啊！

三、爱孩子更要珍惜自己

爱孩子源于我们能够相信孩子有他自己独特的生命力，有他强大的一面，即使偶尔被妈妈的情绪影响一下，也有能力自我化解。

要相信孩子比我们强，他的选择有时会优于我们，这时候，我们就往后退一点。孩子有了自主权，我们又有了喘息的时间。做 60 分的妈妈、90 分的自己，这不好吗？

妈妈也是第一次当妈，好多事做不好很正常。当我们接纳了自己不是最完美妈妈的时候，也要接纳自己在跌跌撞撞中一直在尽力去做。我们放弃做完美妈妈的高期待，焦虑就会自然地减轻一点。生活本身不是问题，我们如何应对生活才是问题。

请允许自己做得还不够好

我做个案时，很多妈妈做到一半，想起孩子对她说的那些恶毒的话，想起自己的付出、养孩子过程中和孩子大打出手彼此伤害的情景，就会失控地大哭。

但是感受到被伤害是妈妈和孩子在成长过程中都要做的功课，谁也逃不掉。下面我们就一起聊聊"被伤害"。

孩子是种子，家庭环境是土壤，妈妈的情绪很大程度上会影响孩子，但这些都不是绑架妈妈的理由。

咱们不能要求一个女人一边承受着社会角色对她的要求，还要一边做好家庭角色赋予她的责任。不管什么时候都不能有情绪的波动，这种期待本身就不合理。

这种期待背后有一个更深层的心理学原理是我们每个人在成长过程中，被爱和感受到被伤害是交替进行的。孩子感受自己幸福还是不幸福取决于爱与伤害的比例。

所有的人只要一天天在长大，被伤害就是不可避免的，无论父母做得多完美，孩子对父母爱的解读本身也存在局限性。他们会以自我为中心，用自己的感受来判断自己是不是被爱、被接纳。

最核心的一点是，在孩童时期，任何人都无法看到父母的局限性，孩子受到了自身视角的捆绑，没办法去理解"为什么我爸去挣钱，就没办法再接送我上下学"。

这个时期的孩子不具备全面、宏观、长远地看待养育过程中遇到每一个问题的能力，当下孩子只能关注自己的感受。

孩子指责妈妈不够爱他、被妈妈忽视了、被妈妈伤害了，咱们要先明白，这种体验来自他们本身局限的视角。我们不要被孩子这样的攻击先冲昏了头脑，任何伤害的发生都有当时的历史背景，需要全盘考量再去追溯。

时刻稳定的情绪、不断向周边人提供认可、尊重、理解，这个要求真的太难了，这是一个心理高度成熟的人才能具备的能力。

妈妈偶尔失控或者正在经历苦难，我想告诉你的是，你已经做得非常好了。你之所以感受到难过、失望、自责、愤怒，都是因为你太爱这个家、太爱这个孩子。为了孩子，你已经忘记了妈妈本身也是有限的事实。

不管今天你做得怎么样，不管现在孩子做得怎么样，唯一能够确定的是，在陪伴他的过程中，你已经全力以赴，你已经义无反顾，这就够了。

你要相信，孩子和你一样强大，不会因为你的某一次发脾气就被伤害得体无完肤。只要活着会呼吸就会有这样那样的情绪，伴随左右，因为那是我们内在的需求，是我们从小到大，自己的内在小孩对现在的呼唤。

我们只有看到了自身的需求，才有可能在养育孩子的过程中帮助孩子建立一个正常的、健康的人格。

稳定是咱们追求的最高境界，但是在达到稳定之前，也要允许自己波浪式前进，更要允许，我们和孩子在成长的过程中都可以去体验到被伤害。

人到中年感悟多，做什么才是爱自己？

有一句老话叫"人到中年万事休"。我原来从没体会过这句话的含义，直到有一天，我又看到微信上有很多条未读信息，就开始对自己产生了好奇：我是在哪里认识了这么多人，什么情况下把自己拉进了这么多群聊。

当天晚上，我一口气退出了 20 多个群聊，也删除了不少好友。做完之后，我感到了前所未有的轻松和快乐。于是我静下心来，想和朋友们聊聊人到中年的一些感悟。

一、一直让你犹豫并困扰的事，就尽快去做

每个人困扰的事情都不一样，用我自己每天微信太多这件事举例，其实我是有点焦虑的。看，耽误时间；不看，又怕错过重要信息。与其不堪其扰，不如主动结束，所以我花时间清理了一遍，也算对自己有个交代。

这说明我正在告诉我的情绪：我看到了你传递的焦虑，我知道你想告诉我该做点什么了。这就是爱自己的表现。

二、不用委屈地维持感觉特别费劲的关系

人到中年，无论生活还是工作上都已经经历过一些事了，和每个人的关系，在纠缠的事中都是冷暖自知。懂你的自然懂，信任你的也不会因为一点小事就彼此怀疑；真朋友不会落井下石，不会冷嘲热讽，不会说一些让你觉得特别不舒服的话之后，还说是你敏感自己根本没这个意思。

人到中年没有不会说话办事的，只是看对方是谁。人生本来就不

容易，别在费劲的关系中再消耗自己。这不是逃避，而是爱自己。

三、自己的小家真的很重要

年轻时候的我们披荆斩棘，背井离乡，颠沛流离，只要能显示出自己无与伦比的价值，做什么都乐意。可人到中年发现人生不过三万天，真正值得你去照顾、去关注的人少之又少。

一个人常年漂泊在外，一定是可悲的。我们那时候总想用奔波换来家庭的幸福，可是一个长期缺席的家庭主角，往往没有幸福可言。

到了中年如果有条件，就多和家人在一起吧！看着孩子长大，陪着老公老婆变老，一家人下个馆子、去公园、看电影，别让我们老去的记忆都是幻灯片！

四、取舍之间饱含智慧

人到中年，能让我们挥霍的时间少之又少了，什么才是心中真正值得挂爱的？我们不再费心去维持早就让我们不爽的关系，不用像小孩一样，动不动就给别人定义；我们的心也不再漂泊在外，不再寄予那些我们得不到的东西，当下的我们安顿好自己，认真地过着每一天，我觉得这样就挺好。

妈妈快乐做自己，孩子才能安心长大

我的咨询个案中每一个行为失调的孩子背后，无一例外看到的都是一个个焦虑无比的家长。

每次做咨询时我都会和家长说："咱们先把重心回到自己身上，先好好过自己的日子，开开心心地找回原来生活的节奏，不要再揪着孩子步步紧逼。我们每天都关注他的改变，还不如看看自己如何能过得开心。"

家长往往不理解我想表达什么，会特别急迫地问："孩子都这样了，我怎么能好好过？我还有资格再好好过吗？"

我们从孩子的视角想象一下下面的画面。孩子回家推开门，看到了忧郁的妈妈、暴怒的爸爸。孩子清楚地知道妈妈在克制着；他也知道爸爸随时想上来扇自己一巴掌，你觉得孩子能开心吗？他想交流吗？

我们总是急于唤醒孩子。用什么？用叨唠、不开心、暴躁，还是吼叫？

心理学的底层逻辑中亲子关系就是一种投射关系。 孩子对于我们就像一面镜子，让我们看到了自己。我们有多急迫地想唤醒孩子，我们的内在潜意识就有多急迫地想唤醒自己去改变现在的生活状态。就像我们想改变一个人，会不断地批评指责，换来的只能是对方的反击。

讲一个真实的案例，有一个曾经找我做咨询的女孩子，她通过自己的努力到了北京，当时她所有的目的就是为了逃离自己的原生家庭。她一直跟我去讲她妈妈是什么样子的，她说她妈妈似乎也不是那种高控的家长，但她就是想逃离，直到她跟我说了一件事，我终于理解了为什么。

这个女孩的妈妈为了让她回老家，每天只给她打一通电话。只要她接起来，妈妈就会不说话一直哭，最终女孩回了老家。这个女孩找到我时，情绪障碍已经很重了，但她没有力量。

什么叫要妈妈必须先好，孩子才能好起来。因为妈妈弱，妈妈就会在潜意识里不断想去抓救命稻草。因为妈妈没有价值感，没有力量，而价值感和力量，是生存的本能。所有的父母和孩子在一起这件事，是需要能力和能量的！

在我的咨询室也经常出现一些极端的画面：孩子靠墙蜷缩坐着，爸爸和妈妈挨着，但爸爸的身体是抗拒的，妈妈披头散发，一会儿哭，一会儿控诉。你们去想，在这样的状态下，孩子怎么能得到家庭系统的赋能？

如果想让孩子振作起来，开心起来，重新回到轨道上来，我们自己就要先回到正常的轨道上。

当我们自己找到了当下存在的价值和意义，调整回开心幸福的生活状态，而不是伪善的、在孩子面前装的幸福，孩子就会悄悄变化着。当整个家庭系统里每一个人都回归到自己该有的位置，孩子自然就开始学会自主地安排好自己。

试试看，我们从容地面对生活，你过得好了，开心了，孩子就一定会过得好！

被社会裹挟不停焦虑，走出困境要靠它

在和父母交流的过程中，我深深感受到父母被主流社会裹挟的无力感。当下教育最大的悲哀是：当所有人都认为独木桥必须走，学习是孩子通往幸福的唯一途径，那么父母就得认为这是对的，要默认孩子应该这样走下去。

可真相是，擅长读书的孩子并不是大多数！除了学习，孩子本身的综合能力、性格特点、处事方式等也同样决定着他未来的走向。但学龄期的父母很少看到孩子这些优点。

在高压的环境下、激烈的竞争下、不断被贩卖的焦虑舆论影响下，父母激进疯狂，孩子面临崩溃，焦虑抑郁的孩子激增，这难道不是教育的悲哀吗？

作为家长自身，在这个社会的集体潜意识下被裹挟着，推动着，在漩涡里无法自拔，我们的教育理念也被自身的恐惧感、无力感、羞耻感支配着，只有随大流，我们才能感受到稳定和安全。

可我们自己想想，能带领我们走出恐惧、困境的方式，不是去逼迫孩子和我们一起卷，而是我们有勇气不被裹挟！这样才能培养出身心健康的孩子。

咨询室的自恋型父母

父母带孩子来到咨询室，我一般会让家长介绍一下孩子过往的情况。

这时我会发现，有些父母不会从孩子什么时候发病、吃了多长时间药、有哪些躯体化症状、有没有过自伤自残的现象开始说起，而是先说学习。

"Echo，你知道吗？孩子原来挺优秀的，小学是班干部，学习一路名列前茅，中队长、大队长当了个遍。"

"初中参加竞赛，年排达到多少名，单排一直是前三，孩子擅长什么，不擅长什么，但一直很努力。"

总之，前面半个小时一定是围绕着孩子的成绩做介绍。我真的有点无可奈何，特别想和爸妈说赶快就此打住吧！我是一个心理咨询师，您到我这里来，不是要给您的孩子应征一个更好的重点学校，我不是那个学校的主任，您不用一股脑地说您家孩子过往学习上的战绩。

当父母看到孩子生病抑郁、躺平在家，已经吃了半年药了，您和一个咨询师讲述孩子情况的时候，不是从他真正的身体、情绪、心理出发，仍然没完没了地说孩子原来闪闪发光的战绩？！

这样的父母，我一般称为"自恋型父母"。自恋型父母无法在自己的意识里清晰地找到边界，没有办法去甄别孩子和自己是两个独立的个体。

在自恋型父母的心里，孩子只是父母人格某一方面的延伸，所以你会发现，孩子的一些需求，都是由父母的需求来定义的，也就是说，那不是孩子真正想要的，而是父母想要的，但父母误认为这就是孩子要的。

当孩子不能按照父母的意愿去做的时候，会被定义成"自私""特别不善解人意""这孩子不懂事"。

自恋型父母不具备理解他人感受的能力，他觉得自己在帮助孩子，实则并不在乎孩子真实的感受和需求，一切的出发点都是源于他自身。

大家有没有想过，我们作为一个独立个体，可能在我们曾经的原生家庭里没有被允许过做自己，然后我们生儿育女了，我们那个不被允许的自己似乎有了第二次机会，原来"借孩子的生命个体完成我没有完成的梦想"这件事这么过瘾啊！

因此父母在孩子十岁之前，肆意践踏着孩子的需求，他们会觉得我就是为你好。其实父母真正做的是借用孩子的生命个体，来完成自己未完成的情结而已。

第七章

如何让孩子更优秀之答案

　　每个家长都希望孩子能更优秀，但进入青春期后，孩子似乎一直在偏离我们预想的轨道。其实很多青春期孩子出现的问题，在小时候就有端倪。孩子的样子是由长久的家庭关系和养育状态共同作用的结果。

　　与其到了青春期再发现各种各样的问题，不如从现在开始，关注孩子每一个细节。无论孩子几岁，本章内容都能助力各位家长养育更优秀的孩子。

孩子的自信源于你眼中他的样子

有的家长觉得孩子很听话，一切都不错。就是有点胆小自卑，特别怕事，不敢争取自己的权利，差那么一点自信怎么办？

我一般会先问这位家长朋友："你觉得孩子有点胆小，在某个环境下就是不想说话，有什么问题吗？"

我真心地恳请各位家长想一想：孩子到底有没有害怕的权利？有没有胆小的权利？害怕和胆小也是他的人权。

再说说如何培养自信的问题。大家在生活中看到自信的人是什么样子的？有勇气在舞台上面对众人去表达，我们都感受到了那份自信。但我们有没有想过他第一次上台时，会是什么样？我们都可以肯定他第一次上台一定是忐忑、缺少自信的。但是当所有人都相信他行，把 C 位让给了他，他站在舞台中央，慢慢地就开始相信自己能行了。

我们明白了，**自信是慢慢生发出来的，不是你说他自信点，他就自信了**。有的妈妈整天对孩子说："这个你不行，那个你弄不了，这个妈妈先给你弄吧。"时刻对孩子生活中的点滴充满担心和焦虑，不敢让孩子站在他人生的舞台上去体验，他的自信源于哪里？

如果我们相信孩子未来会比我们更强，那么做选择的时候，不如给孩子一定的自主权，当你相信孩子有选择和判断能力的时候，你自然而然就往后退一点，放手多一点。

如果我们一边焦虑担心，一边又充满了"你必须要自信"的要求，我们自己都是纠结的，那孩子的自信从哪里来？

著名的温妮科特医生曾经说过："每个孩子在和妈妈对视的过程中，就会从妈妈的眼中看到自己，孩子来到这个世界上，不知道自己是被接纳还是被排斥，不知道自己能不能有自信的资本。"

孩子是顺着在妈妈眼里看到自己的样子而长大的。要求孩子自信之前，你信他吗？你相信他是那个最好的存在吗？如果我们确定要培养一个自信的孩子，那就先反观自己到底信不信他，如果你相信他是一个独立的、有思想、能成事的孩子，那就用这样的标准来养育他！

　　同时我们也接纳"当下这一刻，孩子有点胆小，甚至也有点自卑，但是妈妈坚信你的未来会更好"。当孩子感受到了接纳，就感受到了来自父母的信任，即他信。自信的来源就是他信！孩子的自我评价系统最初都是来自父母的语言。

　　慢慢地，他自己会生发出自信。而相反呢？父母越焦虑、越想去高控管教这个孩子，不断修剪孩子，这个过程就会模糊他本来的面貌，让孩子不知所措，反而会越来越不自信！尊重孩子的天性，顺其自然，如其所是，这就是父母给予孩子自信的最大资本。

想让孩子从心底自信，别碰这四件事

爱迪生说过："自信是成功的第一秘诀。"作为妈妈，我们可能不追求孩子的成功，但一定会永远期盼看到孩子脸上挂着自信的笑容。好多朋友说自己的孩子特别胆小，容易被欺负，不敢自己争取机会，不敢表达自我，可能还有点玻璃心，总之就是感觉孩子不自信。

如何才能帮助孩子建立自信的人格，让孩子从心底自信起来？这四件事，父母绝对不能做！

一、不在人前辱骂孩子

要知道，不论大人还是孩子都爱面子，没有人愿意在人前被指责。当我们要给孩子的行为提出要求，责令他改正的时候，一定不要在人前做这件事。

比如你被请家长了，为取悦老师就当众羞辱孩子，把他的面子踩在脚下，这样做会对孩子产生极大的挫败感，自卑的种子在那一刻就埋下了，哪里还会有自信？！这样做会影响孩子的一生。

二、随意发泄情绪，抱怨生活，控诉另一半

生活不易，但是抱怨只能发泄负面情绪，解决不了问题。有的妈妈会在孩子面前哭穷，抱怨爸爸没有能耐，让孩子懂事一点，钱少花一点，要体谅她的不容易。要知道，孩子在这些事情上是帮不上忙的。

妈妈的情绪就是家里弥漫的"甲醛"，时刻都在影响着孩子的心理状态。妈妈的漫天怨气、对爸爸的各种控诉，只会让孩子特别厌烦，久而久之会让孩子对自己产生羞耻感，会联想"是不是因为我的存在，才让家里的日子过成这样"。他会觉得自己的存在是个错误。

三、对孩子有条件地爱

爸妈眼里只有成绩。考得好了，你就是爸妈手心里的宝，是爸妈的骄傲；考砸了，直接面露不悦，唉声叹气，觉得命苦没有生个学霸孩子。孩子会很迷茫、很纠结：妈妈爱的到底是我这个人，还是可以让她拿去炫耀的资本？

四、无穷无尽的比较和负面的评判

中国家长特别喜欢提别人家的孩子。说实话，别人家孩子的好坏跟我们没有一点关系。为了激励孩子，拿自己孩子的短板，去和别人家孩子的长板比较。这也太想不开了。

换位思考，如果你的领导天天拿你和同事做比较，你怎么可能安心做好本职工作？是不是已经开始准备离职了？每个孩子都有自己的天赋和短板，爱孩子就是接纳他的全部。

作为孩子最亲的人，每天用负面语言评价他，向他灌输他有多烂的观念，你让他如何自爱，谈何自信？

没有一粒种子天生就是坏的，但它需要合适的环境和土壤才能茁壮成长。我们天天喊着，"我一定不能让我的孩子被欺负、被霸凌"，可很多时候，伤人的话恰恰出自爸妈口中。

自信就像阳光，为孩子们照亮前进的路，风雨再大，自信的孩子也会有信念，安心坐下来，等着看彩虹。培养出孩子的自信，是父母给孩子最好的礼物！

影响孩子一生的"配得感"从何而来?

生活中我们有没有遇到过这样的人：他们过分的谦虚和客气，在自己应得的利益面前也没有意识要争取，甚至自己已经付出了艰辛的劳动，却觉得这些艰辛的劳动不值得换来应有的金钱和荣誉。从根源上，他们都觉得所有的收获"我不配""配得感"会影响孩子的一生，我们要随时告诉孩子：你的需求值得被满足。

有一次在我咨询前，约好档期的妈妈找到我，她对我说："老师，如果孩子问您咨询费多少钱，您就说200块。"于是我问妈妈："孩子在医院已经确诊，也知道自己需要做心理辅导，为什么他还会有这样的表现呢？"妈妈说："如果跟孩子说咨询费比较贵，他会拒绝。"

这个孩子的底层逻辑就是：如果这个东西有价值，如果我不能像预期一样地表现得那样好，那么，我不配。很明显他的配得感不够，内心认为自己不值得拥有专业的咨询。

配得感不够的原因要追溯到孩子小时候，孩子向父母提出一些需求后，父母用拒绝、打压、冷漠等方式处理了这个需求。

有的父母往往不承认是自己的能力问题，会把责任推卸到孩子身上；有时候父母即使有能力去满足孩子的需求，也会在孩子提出要求之后，变本加厉地增加条件。父母往往会放大满足孩子的难度，最终造成孩子在潜意识里认为"我不配"。

爸爸妈妈无法面对是家里没能力满足孩子的需求，而是告诉孩子，你这个需求是不应该存在的。久而久之，"一直否定孩子的需求"就是孩子配得感低的根源。

其实我们不妨如实告知孩子目前家里的情况：比如孩子想去一个地方旅游，想要一个心仪的东西，我们大可以告诉孩子："宝贝，你的需求没有错，这也不是你的错，只是暂时妈妈还没有能力满足你这个要求。"

比如"妈妈单位真的很忙，我离不开，所以没有时间请假陪你旅游"，而不是"你明明知道我很忙，还要提出让我带你去旅游的要求"。

需求本身没有错，我们要讨论的是当下是否符合咱们的能力水平，而不是父母为了逃避自己能力不足而带来的糟糕感受，把责任推到"孩子提需求就是错"上。

孩子从小就对周边环境做着判断，我们一直否定孩子的需求，就会让孩子在潜意识里形成一个信念：那个提出需求的我，本身就是不好的，是值得羞耻的，是不被接纳的。

当孩子成年之后想为自己争取一些权益、获得一段稳定的关系就会特别难，因为"我不配"的感受会随时跳出来。不好的感受、画面、语言、图像都会牢牢地在潜意识里将他们捆绑住。直到孩子放弃提需求，但本质是害怕再去体验"又一次被否定"的感觉。

如果我们想培养一个配得感很强的孩子，就先从不否定孩子的需求开始，去聆听他们内心真实的情绪。我们认识到作为父母的有限，承认自己有时候无能为力，当咱们看到了真实的自己，才有能力把孩子的人生交还给他们。

7 岁之后，父母必备五个养娃"套路"

都说父母是一个没有执照就上岗的工作，但我们照样想养出牛娃，让孩子优秀，下面五个养娃"套路"，妈妈可以每天用。

一、夸大孩子的自律

"宝贝，你简直太棒了，你们老师设计的作业，妈妈都觉得有点烦琐。我看了，你们班的完成率真的不太高，你就一直这么坚持做下来了，这是要发力的节奏呀！"

二、挫折引导

"孩子，妈妈也觉得这事真的不太容易，我看你好像弄了好几遍，一直坚持给弄完了，而且还真的挺好的。你是怎么做到的？跟妈妈说说。"

三、肯定孩子的行动

"哎哟，我真喜欢我闺女收拾完的房间，特别干净整洁。说实话，你比妈妈收拾得要好。"

四、专注地倾听孩子说话

"宝儿，在这件事上，你说得对。妈妈后来又认真思考了一遍，我觉得你表达的观点非常清晰，而且有你自己的逻辑。在这件事上，我向你学习。"

五、强化孩子的逆向思维

"宝贝，我觉得你的新方法比我们之前学的那些老套的方法更有效，而且我觉得这思路特新奇。多尝试，需要妈妈支持的，你告诉我啊！"

孩子就是一粒种子，没有教不好的孩子，只有不会教的父母。优秀的孩子都是被爸爸妈妈"套路"出来的。我们可以多学点正向引导的套路，少一些打骂和吼叫。

掌握这四种语气，没有孩子不爱听的话

"妈妈，你生气啦？你是不是不高兴呀？"

"你从哪儿看出我生气了？我是气包子吗？我为什么整天老生气呀？你干什么让我生气的事了？"

小时候你问过这样的话吗？我的这些回答是不是特别经典？孩子都是小精灵，真的会把父母的表情、动作、语气、语调拿捏得明明白白。

好的教育其实就在爸爸妈妈的每一句话和每一份互动里。**有时候，决定孩子态度的不是他听到父母说什么，而是父母这句话里面的语气。**

那父母该用什么样的语气与孩子说话？我给您四点建议：

一、真实地表达情绪

"我生什么气了？我哪儿生气了？！"这是爸爸妈妈愤怒的表达，只是这时候父母不承认自己生气。如果咱们的确愤怒，不如真实表达出来，不过可以用平静的方式。

妈妈可以说："闺女，妈妈现在真的着急了，因为这是昨天咱俩说好的事，今天你又食言了，妈妈现在心里有点愤怒啊！"

平静地表达出情绪，孩子就不会被咱们的坏情绪嚷傻，不会直接傻眼。其实孩子内心是有感受，有愧疚的。你真实地、平和地表达出你的愤怒，是对孩子最大的尊重。

二、用商量的语气

孩子越大，与咱们意见不统一的时候就会越多。咱们可以尊重孩子："儿子，这件事如果你不想做，你有什么好的想法吗？你可以和妈妈直接说！"

孩子遇到事情有了自主的想法，他才可能真正去为这件事思考后果。当他对这件事有想法，并愿意承担责任，那不是好事吗？

三、用信任的语气

"好，那这次你自己做决定。妈妈相信你一定会考虑得更周全，就按你说的办。"

给孩子信任，同时给他成长的空间。受一次挫折怕什么？什么都不如孩子自信满满！

四、用鼓励的语气

"没事，困难都是暂时的。咱们一起想办法。妈妈原来也遇到过，一定能解决，不管结果是什么，妈妈都支持你！"

有时候，结果可能不尽如人意，但是妈妈的爱就是孩子敢于去尝试的最大的底气。你衷心地鼓励能给孩子真正的勇气。

有这三个特点的父母，孩子心理不会出问题

"父母是什么样的人比父母怎么做更重要！"这句话来自精神分析学家科胡特。很多父母与我交流养育问题时，话题几乎都聚焦在"我应该怎么做"？然而从精神分析领域看，一些孩子出现问题的核心原因恰恰是父母执着、用力过度地按照书本上正确的方法养育孩子，全身心地投入在"如何去做"这件事上。

父母冲破边界，对孩子过度的担心，会起到诅咒的效果。中国式父母总以一种牺牲的态度和孩子打交道。事实上这种牺牲的背后包含了一种交易：我为你付出了这么多，你需要用什么样的方式来回报我呢？

当我们执着于做得多、做得对的时候，亲子关系中就会融合进恐惧和焦虑。过度焦虑的母亲，会把自己不能消化的情绪投射给孩子，当孩子也无法消化这种压力时，他们原本健康的人格就会被打破，一些能力就会受到损害。比如躺平、摆烂的孩子，就是他们社交功能受损后，选择在家待着，让自己逃避到虚拟的网络世界里，再把他们无法消化的情绪投射到游戏或者他人身上的过程。

那么拥有什么样的父母，孩子的心理和人格发展不会出问题呢？

一、能够和自己连接的父母

能够连接到自己的情绪、想法、行为。父母可以有意识地觉察自我，去中正[1]的看待自身的状态，去甄别当下自己处于什么样的能量水平，再对自己接下来的行为做出规划和判断。

---

[1] 中正：保持内心的平衡得当，不偏不倚地看待事物。

二、能够有效连接他人

我经常会强调，真正去"看见"理解孩子，不是靠父母的态度、口号，更不是看到孩子痛苦后的妥协，真正理解孩子是需要父母具备这样的"功能"。在做家庭咨询的过程中，我倾向于针对父母的状态做出一些评估。当父母对他听到的新的言论或不同于自己的声音时，能够出现犹豫和松动的状态，而不是抱着"他是我养大的，我对他的所思所想都有绝对正确把握"的状态，那么整个家庭状态的改善效果将会更显著。

这样的父母能够和各种各样的人打交道，能够建立自己的关系网络，并能够在新的人际关系中，看到自身人格中僵化、固执的部分。他们通常不排斥新的观点，有勇气在认知层面突破。这样的人，人格完整度会很高，是从内而外的自信。

三、边界清晰

自身边界清晰，尊重自己，也尊重他人。做事果决，没有模糊不清的关系状态，磊落清爽。

一个人活着最基本的动力就是要建立和维持跟他人的关系，我们在关系当中被滋养，也会在关系当中被伤害，我们每一个人一生最大的功课，就是要充分成为自己，拥有健康和完整的人格。

内在有爱的孩子什么样？看看妈妈就知道

家庭是一个完整的系统，我们每个人都在这个系统里运转着，其中的一个分子掉队了，一定不是单独个体的问题，而是整个系统都要去考量运转体系出了什么问题。

孩子出现一系列不良行为，背后都有孩子未被看到的需求。如果想把个体修复好，让他回归到正轨，那么在这个系统的所有个体都要同时做出调整，各归各位。

如果孩子持续处于焦虑、抑郁的情绪状态中，那么他的父母至少有一方大概率是比较容易焦虑或者脾气暴躁,处理问题方式也会相对偏激的。

父母作为成年人在外面可能不展现这一面，但在孩子教育的过程中，就会把在外面不展现的那一面焦虑、暴躁呈现出来。

五六年前，我做过一个个案，孩子已经到了中度焦虑的程度，开始吃药了。我和妈妈说，我发现妈妈自身不稳定的情绪对孩子是有很大影响的，这时候妈妈突然爆发："为什么孩子在青春期，我就要让着他、为什么孩子可以对我嚷，我就不能爆发？我还没长大呢！为什么生了孩子，我就要情绪稳定！我妈怎么不来疗愈我呀！她给我造成这么大的伤害，他们怎么不过来赎罪！我孩子的问题，都是我妈造成的！"

这时候妈妈出现了明显的退行行为，在情绪爆发那一刻，我们看到的是这个母亲瞬间退行到她小时候歇斯底里地控诉自己的妈妈的样子。

父母身上未被疗愈的伤痛，都会加倍呈现在孩子身上。所以当孩子出现问题，我们先不要过度焦虑，当我们想给孩子更好的支持，像容器一样接得住孩子的情绪，我们就得先照顾好自己。内核稳了，才会有足够的蓄能去支持孩子。

放弃托举，向下扎根，才能培养孩子的自驱力

什么样的妈妈很难和孩子真正建立连接？就是她不愿意承认只拿这个孩子当工具，并没有用心爱孩子。不是所有妈妈都爱孩子，不是所有的妈妈都有爱孩子的能力。

这句话很重要，但有些妈妈确实是在功利性极强地做这件事。我见过很多不爱孩子，也不爱自己的妈妈，她们往往目的性和功利性极强，如果达不到自己想要的目的，就焦灼得不得了。

我们总说很爱孩子，但爱一人却不允许他做自己，怎么就能算爱他呢？

每个妈妈都会问我："怎么才能让孩子明白如果你不努力，将来社会就会捶打你？"

孩子没有自发的学习动力，是缺少内驱力。"如果不努力，社会就会捶打你。""你会在排名倒数时，面对怎样的境遇。"**这些道理都是外驱力，是妈妈在用自己的动力推动孩子前进，而孩子本身是不想动的。**

为什么孩子缺少内驱力？因为你没有给他体验的机会。孩子从小被保护得太好，一直在象牙塔里，即使在这么小的环境中父母都不敢放手，孩子是不可能到了一定年龄，自己就生出内驱力的。

我们以为到了年龄孩子自己就会长大，孩子身体长大了，心理也就成熟稳定。怎么可能呢？这完全是两个系统呀！孩子怎么可能个子长高了，就学会对自己负责，学会分清任务，学会知道我有责任和义务为自己的行为买单呢？

敢于让自己停下来，敢于对家长说"我就是受伤了，我就是停一下，我琢磨琢磨还会回去"的孩子是无比英勇的孩子。他们知道自己改

变不了这个社会，但又决定不让自己被裹挟，不想学是他们找到一个另辟蹊径的小路。

只是有的妈妈、爸爸太厉害了，孩子的能量不够，于是出现了很多情绪问题。现在还能被你们力量压制住的孩子，往往是力量不够的。你们希望看到的是：我还能操纵他，我再努一下，他的未来不就行了吗？但你恰恰不知道的是，你用这样的方式，他永远都没有自驱力。

我们养孩子是有区间的，有向下扎根的部分，也有向上拉的部分。如果孩子自己没有驱动力，你是拉不上去的。如何让孩子有内驱力？就是在一个安全的环境里，孩子能够做自己。

家长不断想拔苗助长这件事，是对你们现在生命系统不臣服的一个最大表现。"我不接纳我的孩子是这样，我觉得他就应该和我一样，在我这个阶层，我不接纳我的孩子将来无法像我一样优秀。"

每一个人的努力都需要时间、空间、根基，当我感受到被支持，有爱，当我感受到我深深被接纳，我就愿意做得更好。

这棵小树，你为了让它和旁边那棵树比高低，你为了这棵小树去和旁边比它高的树去争夺阳光，你已经把它连根拔起地托举了。而这棵树的生命，是需要和大地连接的，它需要土壤、水、微生物，需要不断向下扎根的力量，才能越长越高。

你一时的托举，已经让它没有了根基，没有了能够和大地真正连接的机缘，那它的未来会变成怎样？

溺爱固然不好，但也比缺爱的孩子幸福

很多家长感觉孩子整个人的状态就像心是空的，感受不到幸福。其实这本质上是因为孩子缺少爱。为了表达得更明白，聊孩子之前，咱们先自测一下：

作为成年人，你在日常生活中会不会有这种感觉：总感觉与家人、朋友或者同事有点格格不入，不太愿意向别人求助或依赖他人，比较习惯于独处，在社交场合会觉得不舒服，有时候亲朋好友也会抱怨你有点冷漠和疏远。

还有的时候，你会生自己的气、对自己的要求会比对别人苛刻，与别人做比较时总感觉自己不如别人，并且无缘无故地会感觉自己不高兴、不开心，内心是空虚的，但又真的自律不起来，怀疑自己有问题。

"我真的分析不了自己的长、短板""我感觉自己就是生活的旁观者、无法主宰生活""到底是什么拖后腿，让我没办法享受当下呢"？

如果是，那就意味着你也经历过情感忽视，俗话说就是有过缺爱的经历。这样的情感忽视体验多发于童年或者幼年时期的原生家庭。

我做讲座时经常和家长朋友们说，**对孩子来讲，溺爱都比没有爱强**。因为在溺爱中长大的孩子至少体验过什么是爱和接纳，他只是更骄纵更任性，但他心里就像是个充满了水的杯子，顶多就是杯里的水太多了，溢出来了，那我们把溢出来的水擦干净就好了，我们只需要调整孩子外部行为。

但是缺爱的孩子就不一样了，孩子这个杯子外表看来是完整的、干净的，甚至没有溢出来任何水渍，因为杯子里面是空心的。

你是否想过，我们把杯子重新倒满的过程是一个极富挑战的过程，因为有的时候心理营养的供给错过了就真的错过了。人是社会性动物，所有的烦恼都来自情感和关系之间的纠缠，当一个孩子长大以后总有空虚感、不敢相信别人，也不敢清晰地表达自己的感情，甚至对自己都毫无同情心、不知道自己的优劣势在哪里，一旦事情变得有挑战就容易后退放弃。这样的孩子如何在社会上立足？

经历情感忽视的孩子会有一种向内的易怒倾向。他对察觉别人的情绪是有隔离的，同时对表达自己的情绪也会感到举步维艰。

家是孩子成长的港湾。可能我们教不会孩子什么具体的技能，但至少得看见孩子；我们给不了孩子多充沛的物质条件，但至少能给他足够的爱。

你表达的关心，为什么让孩子有羞辱感？

本节和大家聊聊关于原生家庭的羞耻感问题：

有一个姑娘和我断断续续做了好几年个案。她长得很美，家庭生活也很好，有两个孩子，老公请了阿姨帮忙带孩子。

但是她和我说，每当周一她老公去上班的时候，她最紧张的时刻就到来了。她妈妈住得离她很近，每周会到她家来一两次，帮她做饭和照顾孩子。

她说她最不需要的就是她妈来她家，并不是因为她心疼妈妈，而是每一次妈妈到她家里来，她就必须忍受妈妈把她家里的一切挑剔一遍："这地面怎么这么不干净啊！""哎哟，孩子还在地上爬呢。""如果我要在，我天天都得拖一遍地。""你们家的锅这么浅，一点都不好用，一看就不是过日子的人买的。""买一个案板不够吗？弄一堆在那儿摆着，非要生熟分开，你有那么讲究嘛。"……

总之，她准备的东西，没有一样是她妈妈看得上的，最后这饭也没法吃了。

姑娘和我说，每次她妈妈来她家做完饭，她是尝不出饭菜的味道的，因为她吃的每一口都带着羞辱感，她觉得她不配吃这么好吃的饭。

看，这就是典型的中国式家庭场景！妈妈难道不爱她吗？一定不是。妈妈惦记着自己的女儿和外孙，但是表达爱的方式和孩子接收到的信息，却是天差地别

父母往往想表达的是："要养两个孩子，咱们得节约点，以后用钱的地方多。"可是说出来的话却是："嚯，你可真敢花呀！这么贵的酸

奶，一买买一打，我可喝不起你们家这么贵的酸奶，没你那富贵命。"

妈妈心里想的是："咱们努力学习，我闺女不比别人差。"可是嘴里说出来的是："你怎么就跟人家的闺女比不了啊！怎么人家孩子哪儿哪儿都省心啊！我给你花这么多钱补课，你学的东西都喂狗了？"

听听，表达方式不一样，孩子解读出来的信息就不一样。

如果父母习惯性地扭曲表达自己的真实想法，带着羞辱感和孩子说话，孩子内心里那个真实的自我是无法被看见的。如果父母对孩子从小说话都是这样的，那孩子会把父母这一系列的话内化成父母对自己的评价，长大后会缺乏配得感。

举个例子：一个女孩穿得挺美的出门了，结果别人说："哟，今天挺漂亮呀！是不是和男朋友约会去呀。"她立刻就会想是不是别人在讽刺她？是不是自己穿得太花哨了？

孩子长期听到的是扭曲的表达，对别人真实的赞美也会是扭曲、不接纳的，久而久之会越来越自卑，甚至低自尊。到了社会上，遇到需要为自己争取的事，第一反应是"我不行""我不配"。

父母要学会用积极的语言引导孩子，多一些眼神交流和身体接触，及时反馈，好好说话，让孩子看到身上的闪光点，停止使用羞辱、讽刺的话语，让孩子自信昂扬地做自己。

一败不起和越挫越勇中间，就差这一点

有一句话我们一定特别熟悉，我们听过无数遍，可能也说过无数遍，那就是："爸爸妈妈真不希望你走我们的老路。"我们总希望孩子这一生都是零失误，但这是不可能的。

父母一路保驾护航，孩子都没有试错的机会，这样会限制孩子的发展。有两点影响特别明显：

一、孩子的抗挫折能力很差、心理弹性不够

比如父母借助社会关系，把孩子送进了一所好的小学。孩子没付出多大努力，就得到了老师的青睐，甚至当了班干部。进入中学后，孩子失去了之前舒适的环境，对于老师和同学态度上的变化非常不适应。甚至遇到的一丁点挫折，都会进入情绪波动的状态，甚至暴怒，或攻击他人，或自我攻击、自我否定。

二、孩子没有办法锻炼出解决问题的能力

人在成长的过程中都是借由体验和习得来总结经验，从而形成自己的核心能力。如果孩子一直不被允许犯错，就会失去体验挫折、面对错误、解决问题的能力。

经验的缺失是孩子进步的阻碍。孩子每处理一次问题，就是在升级和优化自我系统。我们成年人也是在每一次犯错后，通过复盘总结、再次试错来总结经验的呀！这些经验可是成长中最宝贵的资源。

当父母把挫折归结成错误或者失败的时候，自然很难接受孩子走这条路。但如果父母把挫折理解为是对事件的反馈，是不是就更容易接受一些。我们只是通过这个方式，让孩子明白自己的方法好像行不通，

199

这个手段达不到想要的目的。

当孩子也能用平常心来面对挫折，知道这只是一条走不通的路而已，还有其他的路可以选择，孩子自然就能坦然地面对挫折，也能慢慢生发出力量。

与其纠结孩子能不能犯错、能不能受挫，不如专注在当孩子受到挫折的时候，我们如何帮助他转化信念，把不良体验变成宝贵经验。这样孩子才能建立心理弹性，真正成熟起来。

父母过度取悦孩子，是另一种形式的控制

当我们发现孩子状态不好，比如情绪波动大，压力大，或者孩子表示自己很不舒服时，学了一些课程的父母就感觉应该共情孩子、理解孩子，不能让孩子太累。

这时往往会出现一个误区：从一个极端到另一个极端，从原来的"必须严格，一张嘴就是讲道理、就是你应该怎么怎么样"一下变成"我什么都想替孩子做、过度共情，觉得孩子太累了，父母一定要体谅他"。过犹不及，后者也是不对的。

很多家长发现自己原来不够温柔，在学习了一些课程后，一下子变成了"取悦"型，不断去讨好孩子，过度共情。

即使孩子还没有提出任何需求，家长自己先"哎呀，孩子，累了吧，歇会儿吧，要不然咱们不写了，妈妈去给你请假"。

不需要这样，孩子需要帮助的时候，会和我们提出来。我们只要把自己照顾好，把我们的焦虑和担心放下，在规则之内去共情孩子即可。尊重孩子的同时，也尊重自己、尊重情形。

对孩子最好的教育是给他探索世界的勇气

十几岁的孩子正在经历青春期的躁动，身体发生巨变，这是他们最难的时候。那他们需要什么呢——勇气。要给予孩子勇气，父母需要做好这两件重要的事情：

第一，**要和孩子建立连接，充分表达我们的爱，**让他安心地去探求这个世界。即使他在飞速地变化着，但爸妈的爱永远都在。

第二，**帮助孩子做好走得更远的准备，帮助他们做好独立前的准备。**孩子在向成年人进发的过程中会遇到很多阻碍，如果他被过度保护，这一定不能让孩子获得独立的能力。

青春期的孩子需要的是，**他觉得自己有能力解决问题。**当他们磕磕绊绊的时候，恰恰就是在锻炼自己的心理肌肉。应对心理的挫折如同锻炼身体肌肉一样，当他真正有了力量，他是会知道的。

勇气是什么？是孩子即使知道可能会遇到困难甚至失败，但依旧愿意前行。当我们放手，不再夸张地呵护、不再夸张地表扬，当我们停止了无休止的物质奖励，勇气就会慢慢从孩子的心里生发出来。

我们要给孩子该有的自主权，放弃"控制他每一步"的想法。我们需要创造一个让孩子能够自己激励自己，而不是靠你的环境。

"宝贝，你就是妈妈最喜爱的宝"，这样的话不要再对十几岁的孩子说，这只会让孩子特别反感。

当孩子真正开始承担责任，一切的改变就会随之而来。当有一天孩子面对困难却笃定地说"妈，这还有希望""妈，我觉得这依旧能行"时，就说明我们成功了！

父母的三次撑腰，换来孩子的一生抬头

亲子关系是孩子来到世界上面对的第一重关系。孩子什么时候最需要爸爸妈妈呢？一定不是他表现好的时候，因为那个时候他周边都是赞美，都是羡慕的眼光。

我想一定是在孩子犯错了、做得不好、面对周遭压力和指责的时候，他多希望爸妈这个时候能站出来给他撑腰，因为那样的撑腰就像一束光，能够照亮孩子阴霾的心。

我们都想让孩子将来腰杆特别硬，如何做一个能给孩子撑腰的父母？有以下三点建议：

一、绝对不要为了自己的面子、人际关系而贬低我们的孩子、表扬人家的孩子

我不知道还有没有人会做这样愚蠢的事情，聊天的时候说"我们家孩子这不行那不行"，眼里充满了自责和遗憾，然后和孩子说："你看人家姐姐，学习好，吃饭好，哪儿哪儿都好。"

你以为的几句玩笑话恰恰是孩子最需要自尊、需要面子的时候说的，把他的面子踩在了脚下，把孩子的缺点当谈资，这可不是给孩子撑腰。

二、不强迫孩子进行分享，尊重他的意愿

一遇到小朋友喜欢玩咱们孩子的玩具，家长就会产生爆棚的分享欲，让孩子分享玩具，实际上这是一种强迫。

其实这个时候孩子希望妈妈说："妈妈知道你也特别喜欢这个玩具，我会和小朋友说让他玩其他的。这是你的玩具，给不给他玩，你做

203

决定，妈妈也尊重你的决定。这样好不好？"

三、孩子在外有矛盾，不分青红皂白先站对方

当孩子和其他小朋友有了冲突，甚至老师家长找上门来，不要不分青红皂白就和别人站在一边，还没搞清楚整体状况就开始批评自己的孩子，看到孩子满心满脸都是委屈，我们有没有一点心疼呀！

我儿子上小学的时候，我遇到过一件事。另一个孩子的家长告诉我，是因为我儿子的原因，导致他的孩子把作业本发错了。于是这个家长在班群里点名我说："你的孩子导致我的孩子把作业本发错了。"我看了一下时间，那个时候我儿子应该已经下楼去参加足球训练了，我判断那个时候他不在班里，这个家长怎么就在群里发了这么一条没头没尾的消息呢？

我礼貌地进行了回复："等我把孩子接回来，了解清楚情况再回复您。"等我了解完情况才知道，这事和我儿子一点关系都没有，和老师再次确认的确与我儿子没关系后，我就在群里预约了那位家长第二天放学时在学校门口见，以便当面说清情况，因为这件事与我的孩子确实没有关系。

这是很小的一件事，但不管在你眼里这件事多不重要，在孩子眼里也像扎了一根针，我们要及时帮他处理他委屈的那部分负面情绪。这个时候妈妈要站出来告诉他，你受的委屈对于妈妈同等重要。孩子感受到有人为他撑腰，他的腰杆自然就直了。

给孩子撑腰绝对不是因为溺爱，而是关键时刻站出来帮助孩子解决困境，告诉他别担心，有爸爸妈妈在，任何时候爸爸妈妈都是你值得信任的伙伴。

有时候，爸爸的一句"宝贝没事，爸爸比他厉害"，远比那句"别老出去给老子惹事"要温暖得多。

接纳有真假！90% 家长都会踏入的误区

我们都知道孩子在成长过程中是否被亲人真正接纳和爱，是塑造他成年之后品格和性格的关键所在。在童年时期感受到无条件爱的孩子，未来的成就和发展与那些没有感受到爱的孩子有着天壤之别。

道理都懂，但有时结果却并非如此，问题出在哪里呢？

很多家长明白了不和别人家孩子比较的道理，于是对孩子说的话就变成了："宝贝，你可以的，妈妈相信你，下次会做得更好。咱们只和自己比，每次进步一点点就好。"听起来很温暖是不是？可是又觉得哪里不太对？我来帮大家梳理一下。

我每个月至少会有两次情绪波动，比如今天上课会特别兴奋，下次上课发挥得就不是很好。那我们为什么对孩子就要有"一次比一次进步"的要求呢？为什么孩子的曲线必须一直是上升的？而不能是波浪式的呢？这不科学。

我们接纳了孩子不和别人比，但却要求孩子一直进步，这说明我们没有接纳孩子的退步，这是假接纳。

假接纳就是嘴上说着接纳孩子的一切，行为上却对孩子某些特定的事情做不到宽容，心里还是满满的期待和要求。

在我们还没有察觉到这种自相矛盾的感觉时，孩子却能最先感受到。父母身心的不一致给孩子带来的是成长过程中过度的焦虑，因为他们感受到的是妈妈说的和做的不一样，他需要去猜测和试探，以印证父母是否真的爱他、接纳他。

进入青春期问题再次升级，孩子会失去试探的耐心，对父母产生极大的不信任感，脱口而出："你们爱说什么说什么，我懒得费劲和你们沟通了。"

当我们压着火，咬着后槽牙还挤出笑容，笑面虎一般努力和孩子"好好沟通"时，孩子心里会一直处于打鼓状态，因为不管你说什么，你的眼神和行为都透出了不接纳。

那什么是真接纳？怎样做到真接纳？至少我们要做到两点：

一、无条件地爱孩子

作为爸妈，我们要有能力、有意愿、真心地欣赏自己的孩子。是我们把孩子带到这个世界上，接纳和欣赏生命的本身是我们的责任。

二、和孩子一起诚实地做自己

孩子来到这个世界，当他遭遇挫折，当他就是没办法比别的孩子考试分数高，也没办法像别人家的孩子一样能言善辩，我们也要先坦然接受。

孩子在这方面不擅长，我们可以努力找到孩子更感兴趣的其他部分；不再要求孩子必须一直进步，我们也能接纳他的成长曲线是波浪式的；我们可以搂着他，陪他一起躺在悲伤、失落的情绪里，就这样彼此温暖着呆一会儿。

父母是否真的接纳他，孩子一眼就能看出来。生命有它本来的力量，只有全然接纳和爱着孩子的父母，才会带给孩子无限的力量。

第八章

性教育与早恋诱惑之答案

　　51% 的大学生初次性生活不知道避孕。看到这个数字，大家还觉得性教育难以启齿吗？我们坦坦荡荡地给孩子进行一场人生不可或缺的性教育真的已经十分必要。当孩子提出好奇的问题时，不尴尬，不焦虑，给孩子最正面的引导。

正面坦荡地聊性，从这三点开始

孩子的身体和心理急剧发展，性教育必须提上日程！可爸妈谁来做？怎么说？说什么？这是需要方法的。

大家还记得自己在青春期第一次是如何了解到性知识的吗？我是在高中暑假期间听到邻居姐姐和我讲了她与男朋友的事。我当时就傻了，没完全听懂，好奇又无知。但现在的孩子获取这些知识的渠道太多了，多到家长防不胜防，所以作为父母如何与孩子正面地、坦坦荡荡地聊这个话题呢？

一、用孩子听得懂的话去说

如果和十几岁的孩子说，"你是垃圾堆里捡的""石头缝里蹦的"，他们立刻就不想和你聊了。所以家长要科学地讲。青春期的孩子都上过生理卫生课，对这部分都懂，他们要的就是爸妈的坦荡态度。

如果实在难以启齿，我推荐一部电影《父与子的性教育尬聊》。比如电影里这样介绍月经："就像下雨，这种出血会在任何时间、任何地方发生，你睡着的时候，你睡醒的时候，你吃饭喝水的时候……卫生巾用来确保血不会弄脏你的衣服。"

又是这样描述精子的："就像你能把文档从手机传输到笔记本电脑里一样，精子也会从男人体内传输到女人体内，而把这根数据线插到 USB 接口的过程，就被称为性行为或做爱。当两个成年人十分爱对方时，他们常以这种方式表达他们的爱。"

二、夫妻双方都要参与性教育

如此重要的话题不能只是同性家长参与，妈妈要参与儿子的性教育，因为这时传递的不仅是知识，还要告诉孩子如何照顾和保护女孩子。

打破性别的禁忌，给孩子传递的是信任。这会激励男孩子成为真正的男子汉，懂得尊重、关心女性。对于女孩子的性教育也如此。

三、性，是美好的起点

要让孩子知道，性是美好的起点，是人类的起源。爸妈因为相爱，才有了孩子，孩子是在爱和期待中而来的。性，原本就是爱的化身，是美好、愉悦的象征，是充满希望祝福的。

所以，当孩子面对身体变化的时候别惊慌，走向成人，性就像吃饭、睡觉、走路一样顺其自然，没有偏见和杂念。

当家长大大方方地和孩子讨论这个话题，坦荡、自然地引导孩子正确的性观念时，才能让孩子更好地认识和保护自己的身体，学会尊重他人。

了解自己、了解异性、了解由爱而生的性，这是美好的起点。

青春期女儿早恋，智慧妈妈这样做

孩子进入青春期，早恋成了每个家庭必须面对的问题。如果有一天你发现女儿早恋了，一定沉住气！父母此时的应对态度决定着早恋的走向。不用如临大敌，早恋也可以安全度过。

大家是否发现，在感情里没有能用外力拆散的小情侣。你越不想让他们早恋、越用蛮力，他们越要反抗，向你展示情比金坚，更加忠诚于彼此的感情。

你越控制、打骂孩子，他们越要向外去寻找安全感和归属感。十几岁的孩子为了证明爸妈是错的，他们什么都做得出来。

我理解父母担心早恋带来的身心安全问题、影响学业问题，但这件事不会因为父母的担心就能将局面扭转过来，反而会把孩子越推越远。如果引导不得当，早恋行为会变得更加隐蔽，改为"地下"，这反而增加了危险系数。

面对女儿早恋，我们做到下面三点，一定会有意想不到的好效果！

一、共情，肯定女儿的感受

找机会和女儿共情交流，让她知道在十几岁的年龄对异性产生好感很正常。有人喜欢你，证明这个男孩很有欣赏的眼光，同样告诉女儿：你欣赏什么样的人也能反映出你的品位。

二、优秀的男性的标准是什么？现在不着急做决定

什么才是真正值得托付的男性？他是否具备真诚、担当、有责任感、可信赖等优秀品质。这些品质需要在社会生活中慢慢打磨，更不是我们一朝一夕就能判断的。

父母可以和孩子像朋友一样分享自己年轻时的择偶价值观。要让女儿知道，现在开始关注同龄的男孩子太正常了，但是异性之间真正的交往才刚刚开始，未来她还会遇到许多优秀的男孩。

当她经历得更多、见到更多优秀的异性，才会知道最适合自己的是什么样的伴侣。所以，一切都不着急。

三、真正可爱的女孩才值得被珍视

一个人只有自身有亮点、有才华、有品位，才会吸引同样优秀的异性。女孩子真正的自尊、自爱、自我成长，从骨子里透出的从容和坦荡，才会让同样优秀的男孩子欣赏和珍视。

告诉我们的女儿，早恋是人生中最美好的一段回忆，是情愫懵懂的点点滴滴。这份感觉是纯洁的。当她未来回忆起这段经历，感觉是美好的，值得怀念的，所以，现在的自控、自我保护，也是对这份纯真感情的最好维护。

儿子早恋，可以与孩子深度剖析这三点

我家上高二的儿子有一天回来突然对我说："妈，我要谈恋爱了，这事你怎么看？你会说我吗？你会担心影响我学习吗？"

嘿，儿子开始和老妈斗智斗勇了。要知道，我可是做了 20 年的心理咨询和家庭教育，这种问题可真难不倒我。

我把标准话术和底层逻辑分享给姐妹们：

首先，青春期早恋这件事，从根本上父母是无法控制和阻挡的，孩子到了这个年龄早恋是必然发生的。对异性感兴趣，都是心理和生理自然而然发展的结果。

当咱们知道了这事必然会发生，那我们就知道，面对这种事情的时候，一定是宜疏不宜堵。我们想引导孩子的交友观，前提是知己知彼。以下三步，我们用起来：

一、不要大惊小怪

当儿子告诉你他谈恋爱了，咱们得拿出那颗八卦的心，带着好奇心去共情孩子。我会这么说："这得是多优秀的姑娘，能让我儿子喜欢？有照片吗？给妈瞅瞅啊！"

懂的都懂，知道我在干什么。父母首先要能淡定地接纳这件事，孩子就不会过度重视，**举重若轻是处理这类事件的底层逻辑**。咱们要告诉孩子，到了这个年龄，男孩女孩萌发出来的小情愫、懵懂的感觉是最美好、最值得珍惜的，当你接受一份感情，甚至自己主动去追求一份感情，一定得是源于你真心喜欢，而不是同龄人之间的赶时髦。孩子如果有了真正喜欢的人，他会想为了这份美好的感情做更好的自己。

二、告诉孩子势均力敌才是好的感情

当我们接纳了孩子的感受，就可以慢慢开始引导孩子："你喜欢的女孩一定差不了，甚至可能好多男孩都喜欢，这时候你自己够不够优秀，就是你的核心竞争力了。"

"如果你很优秀，那么势均力敌的感情才是真正能长久发展的，妈妈希望你喜欢的女孩也是优秀的，彼此促进，相互激励，也不枉费这初恋的美好。"

三、一起讨论值得投入的恋爱是什么样

我们可以问一问孩子："你觉得什么样的恋爱值得投入？"这时候孩子会说："只要遇到真心喜欢的就值得投入啊！"这样就可以自然而然地就"什么样的恋爱值得真心喜欢"的话题展开讨论。

我们要引导孩子把感觉拆解，变成可以描述的特质，深入地挖掘他喜欢什么类型的。比如："是不是不能只看颜值，性格好也挺重要""得有共同的话题""孝顺、喜欢小动物"。

当孩子的潜意识里把好的感觉变成具体的特质描述出来，你会发现，这些特质都是好的。我们要有信念，孩子都是向往更好的自己。

一段积极、正向、不彼此消耗的伙伴关系，对孩子其实是利大于弊，就看妈妈如何智慧地引导了。

让孩子意识到不是所有早恋都美好，远离疯狂

一位女孩来找我做个案时，已经谈了一年多的恋爱。这段恋爱给这个姑娘带来的不是甜蜜和幸福，而是紧张、焦虑和牢牢地被情感控制。

小姑娘告诉我，刚开始谈恋爱的时候一切都好，但是慢慢地她感觉男朋友管自己特别严，不能穿短裤、不能穿吊带裙、微信不能加异性的朋友。如果单独约朋友出去玩，时不时就被要求把定位发给男朋友，电话更是没完没了。

女孩子开始有点厌烦，感觉自己的生活被男朋友影响到了，所以提出分手，结果麻烦就大了。男孩表达情绪的方式非常激烈，夜里骑着摩托，在女孩家楼下一直站到天亮；下大雨，约女孩出去，在天桥上歇斯底里地说离不开这个女孩，甚至威胁她要跳桥，不断地告诉女孩，没有人像他一样爱这个女孩。

他的反应都是过激的，因为他太在乎这个姑娘了，姑娘也一度被感动，也会考虑自己是不是再也找不到像这个男孩子一样如此真心对待自己、这么在意自己的人了，所以她一次次妥协，直到被这个男孩子用情感完全控制住，死磨硬泡下又发生了关系，男孩子就更加肆无忌惮地操纵这个女孩子。

妈妈发现孩子已经出现了自伤行为，精神上已经受不了这种高张力的情感生活后，带孩子找到我并希望帮助女儿调整出来。

孩子在未成年的时候谈恋爱，这种情况并不少见，大多数是同龄人之间表达小情愫，都是正常的。

女孩子通常非常容易被情感表达激烈的男孩子所征服，面对激烈的表达，女孩子感受到的是"我很有魅力"，感受到男孩子的爱特别炽

烈，这才符合初恋呀，这才符合甜宠剧情呀！

但是在恋爱中，极端地表达爱就会极端地表达恨，极端的情绪来自极端的思想。这个时候疯狂地表达爱你，但当爱而不得的时候，它的破坏力也是巨大的。

作为父母，我们一定要从小就告诉女儿：**成熟的爱不是控制，是尊重。未来你在寻找自己另一半的时候，稳定的情绪是最宝贵的品质。极端地表达爱，会给双方带来风险甚至伤害。**

一个经常失控的人，连自己都照顾不好，何谈将来为家庭负责呢？时常陷入自己情绪漩涡的人，如何发展自己的事业？一心扑在"我如何去查岗"上，没有边界的恋爱关系，这样的男孩子只会越爱越扭曲。

当女儿遇到这样的男孩子，一定要告诉女儿，远离这样不健康的恋爱关系。保护好自己，是恋爱之前你必须做到的。

第九章

金钱与青春期之答案

钱，是青春期父母话题的高频词。孩子对金钱的渴望，在钱上与父母的纠结和拉扯……看似都是钱的问题，但实际上是他们的潜意识在表达爱和权利。

钱是纽带，是父母对孩子精神上的"哺乳"。孩子小时候如果感受到的爱不够，长大后他们就倾向于用索取钱的方式来代替父母的爱。这样的案例不胜枚举。

妈妈经常会问："孩子老要钱怎么办？给孩子怕惯坏，不给又觉得有点内疚。"

本章将会深度剖析金钱与家庭之间的关系，帮助家长可以深层次地看待孩子产生的种种金钱观。

哪两种孩子对钱会非常渴望？

一、缺爱

上过训练营的父母都知道，我曾经对大家说过："如果一个孩子从小都在被忽视的环境中长大，在依恋关系中无法得到充分的满足，当这个孩子十几岁之后，有了力量，那么他和父母之间的关系就变成了唯一的关系，叫金钱关系。"

你看到的是孩子句句都在提钱，你看不到的是在孩子心里，他曾经渴望跟父母能谈钱以外的所有事情。

举个例子大家就明白了：比如一个单亲家庭中，孩子由妈妈抚养，爸爸常年见不到孩子。那么在孩子长到十几岁后，每次与爸爸见面时，他都会要一个价值不菲的礼物，或者与爸爸的联系仅限于要钱。

因为孩子不知道除了钱，还能和爸爸谈什么。谈钱是因为他能回避情感带来的痛苦。孩子一旦关注钱以外的东西，他似乎就看到了那个蜷缩在角落，不被爱，不被看到的小时候的模样，他把所有的谈话重点放在钱上，就能回避掉他需要谈爱、谈依恋时，爸爸带给他的创伤。

所以孩子谈钱是在回避他缺少爱的痛苦。

二、缺少权利

关于权力的部分很好理解，爸爸妈妈用钱控制孩子的大部分行为。在这个家庭系统里，谁对钱有话语权就意味着谁的权力更大。这实际是父母通过用钱控制孩子，来找寻自己内心的掌控感。

孩子在物质生活上总是过多地与父母拉扯，说明他从小的需求，都是被有条件地衡量。试想，每一次孩子提出需求，我们都以条件交换打个折扣，和孩子讨价还价一番，当孩子有力量的时候，他也会反过来和我们拉扯。

比如孩子要零花钱这种基本需求，父母都会提出一些条件，导致只要谈钱，家里就爆发关系冲突。

我见过一些比较极端的案例：父母无时无刻不在强调自己穷，时时刻刻都在告诉孩子挣钱有多难，对花钱投射着无与伦比的恐惧和焦虑。事实上，父母是在用这样的观念控制着孩子的行为。

这样焦虑的投射，会让孩子更清楚地感受到钱就等于权利。孩子会认为当我有了很多钱，我似乎就可以控制更多的东西，我就拥有更大的权利。

在孩子的视角中，钱可以带来快乐，带来好看的衣服、美食，有钱可以旅游，享受生活。当父母不断地强调没钱时，说明父母在潜意识中通过这样的表达方式，对孩子的生活状态实施隐形的控制。潜台词是：你没有钱，就做不了自己，就要陪伴我，听我指挥。

很显然，十几岁的孩子一定不愿意。所以关于钱，父母强调得越多，孩子对这种权利的渴望就越强烈。当孩子在和你谈钱的时候，本质上，谈的是权利和自由。

为什么父母越成功，孩子越脆弱？

重点中学、国际学校的孩子，在我的临床个案中占比颇高。

这些孩子共同特点是家庭条件特别好，物质充盈，从小不缺吃穿，但孩子却无精打采、没有动力，有一些孩子发生了抑郁和焦虑的情况。

家长经常会问，为什么给孩子提供的物质条件这样多，孩子反倒越来越脆弱？

总结有以下四个原因：

一、精英父母对孩子不切实际的高期望

精英父母、有钱家庭之所以过得不错，既是父母抓住了时代的红利，同时他们自己也一定够拼、够卷、够优秀。通常这类父母对于自己的孩子期待也非常高，对孩子要求非常严格，总让孩子不停学习、奋斗。

二、艰难岁月的目标，已经不适用

那代父母需要定居大城市，就要努力打拼出一片天。于是能定居在大城市的父母，成了全家人的骄傲，活成了自己想要的样子。他们成功了，享受的条件更好了，所以他们要给孩子提供更优质的教育资源，希望他们将来比自己优秀。

但孩子从小就在物质条件丰厚的环境生活，他们没有打拼的动力。基础条件变了，孩子没办法想象父母当年为了一个特别具体的目标是如何拼搏的。他们现在没有明确的动力和目标，又怎么能符合或者达到家长的高期待？

三、错误的方式爱孩子

很多家长认为，我们有能力为孩子承担更多物质供给，孩子就不要吃那么多苦，只要好好学习就行了。

孩子的小愿望都被满足：换手机、换平板电脑、不收拾家务，烂摊子也有人管。孩子完全没有任何需要努力的地方，那还有什么事能让孩子对生活心存感恩呢？这就是为什么生活富足了，孩子内心却贫乏了。

这些孩子对外非常有礼貌、有教养，但回到家里往往感觉特别空虚不快乐，慢慢对学习也失去了兴趣，可能会沉迷网络，也可能会将注意力转移到其他地方。

四、剥夺孩子成长的权力

因为父母很优秀，所以父母认为只有自己才能精准地为孩子做出最优的选择。孩子要想在社会上站稳脚跟，我们就得对孩子的每一步都把关，进行过度的参与和指导，强迫孩子接受自己的建议，控制孩子的每一步。父母以为这是给孩子最好的安排。殊不知，这是孩子成长过程中的最大伤害。他们丧失了自己生长的能力。强者造就轻松的时代，但轻松的时代造就弱者。

关注孩子的身体和学业，同时也别忘记关注孩子的心理状态是否健康。一个身心健康的、完整的灵魂，才能在我们离开他的那一天，仍有能力继续幸福地生活下去。

总把孩子花多少钱挂嘴边后果很严重

"知不知道你补课一个小时多少钱！"

"知不知道你这一个月的补课费赶上你妈一个月工资啦！"

"行了行了，你也别学了，你要是不学，我倒还省钱了。"

大家觉得熟悉吗？我们小时候被这样唠叨过吗？我们讲过这样的话吗？

两年前我接过一个个案，来访者是一个 15 岁的孩子。和我接触之前，他的妈妈已经带他去过医院，当时诊断是中度抑郁伴有轻微幻听，孩子也在吃药，但是情绪状态还好，就是不能提上学，一说就急，各种闹。

孩子原生家庭是好的，爸爸挣钱养家，母亲是全职妈妈，家庭条件属于中等偏上。孩子每次咨询时配合度很高，谈过去、谈未来、谈理想都行，就是不能谈现在。

让我一直特别疑惑的是从第二次咨询开始，每次谈到未来的时候，孩子都把金钱放在第一位，把钱、尊严、保障特别紧密地联系到一起。

我直接向孩子表达了我的疑惑："我特别好奇，你家里条件也不差，可我觉得你对钱的渴望远远超出同龄人，似乎你现在所有的规划都围绕着赚钱。"

通过沙盘，我看到孩子的潜意识层面，安全感的来源也和钱、房子、物质相关。

孩子告诉我这是受父母的影响，说他们只看重钱，不管孩子发生什么样的事，都能和钱联想到一起。考试成绩不理想，表现不好，就是在浪费他们的钱。

孩子有时觉得爸爸妈妈养他就是赤裸裸的利益交换，如果不能达到父母的期待，他就不能得到现在的一切。在他从小的记忆里，想要什么都一定要拿钱、物质、条件交换。

这个家庭看起来挺富裕，又父母双全，孩子却一点都不快乐，对于家庭的依赖感特别低，现在就想早点进入社会，早点能挣钱养活自己，甚至想到只要有了钱，就赶紧租房子，赶紧逃离这个家。

他现在做的所有事都是为了能快速离开爸爸妈妈，而退学休学就是他的捷径。孩子说："我再也不想面对我妈，花钱补课之后还对我有埋怨，我再也不想听到我父母说你将来挣不到钱，别回来啃老，过得像蝼蚁一样，就会给我们丢人。"

"既然他们已经判定我将来不会有什么好结果，我还不如现在就别再花钱补课，别再添麻烦了，不如现在就让我摆烂躺平，最好早点把我轰出去，我就解脱了。"

就像我之前和大家分享的，孩子厌学休学摆烂，一定不只是学业压力这一个原因，而是一个多元的、复合的原因。这个家庭看似是金钱观的问题，实则也是家庭系统出了问题，亲子关系的沟通上出现了重大的障碍。孩子比我们想象的敏感，他们捕捉到了信息，又无法成熟地、积极地进行解读，而父母表达爱的方式又那么容易让孩子产生歧义，误会便越来越大，大到化解不开了。

孩子花钱多怎么办？有两个认知误区

坐高铁只坐一等座，旅游只住五星级酒店，游戏充值每月近万元。孩子所有的花费都要求是高档的，这些是训练营里的妈妈经常碰到的问题。

有个孩子在别的城市上国际学校。妈妈觉得孩子周末可以自己坐高铁回家，顺便锻炼一下，但孩子明确表示受不了高铁二等座人多以及车厢的味道，要么坐一等座，要么妈妈开车去接。

还有个孩子手机游戏一个月充值近万元。妈妈知道后大发雷霆，孩子懵懵懂懂地问："你为什么这么着急呀，你觉得有点贵是吗？"爸妈被问得哑口无言，同时又很担心：这样的孩子长大之后，凭自己的能力是否能支撑他过上现在的生活？他会不会成啃老族？

其实这个问题有个误区。

首先，孩子游戏充钱数额多少、买衣服的价格区间、出行旅游住宿标准，这些概念不是一开始就在孩子心里的，换句话说，**孩子并没有概念，而是父母养育过程中，已经习惯给孩子提供最好的衣食住行。**

父母十几年来给孩子提供的养育环境都是天花板级的，孩子势必会觉得理所当然，认为我的生活就是这个样子，这是父母在养育过程中给自己挖的坑。

我们一边让孩子已经过上"好生活"，一边告诉孩子"努力学习才能过上好生活"。

孩子没有经历过物资匮乏时期，对于父母说的"那种生活"没有期待，或者换句话说，孩子其实已经过上了父母说的"那种生活"，他为什么还要努力？

所以，当孩子进入青春期，父母想给他们立规矩、激励他们尝试锻炼一下自己时，换来的却是孩子对我们激励方式的嗤之以鼻。这时候他们不是在挑衅父母，而是真的不明白，你们对我现在的这个要求，意义到底是什么？为了受苦而受苦？

其次，**当孩子不按照我们的方式发展时并不是要挑衅父母，而是在成长过程中，他们有本质的、内在的需求。**就好像孩子无法在脏乱差或者嘈杂的环境中待下去一样，这个需求本身没有错。孩子表示他需要什么样的方式才能回家，并不表明他不想回来，更不是在和父母讲条件，而是在明确表达他现在的需求而已。

这时候父母不要被自己内在的想法捆绑住，认为孩子就是享乐主义、不思进取、吃不了苦，这些都是我们那个年代的固有思维。

如果我们和孩子完全不同频，亲子关系的沟通怎么会顺畅？父母生气，孩子不解。**锻炼孩子没错，但不是突然在某一个时间点想起来要锻炼，真正习惯的养成是在持续、稳定的家庭环境中营造出来的。**

当我们陷入了自身的"养育陷阱"，就需要先修炼自己，再引导孩子。

♥ 第十章

我们身边
真实发生的改变

　　本书接近尾声，我选取了一些身边真实发生的故事，这些故事会给我们很大启发。我们最终的目的是希望孩子明白：父母跟你是一个阵营的，我们不是敌人。

孩子被爱一点点捂热，逐渐生出力量

在刚过去的儿童节，我家发生的对话：

我："小祺，我想到儿童节送你什么礼物了！"
儿子："送我什么呀？"
我："我想送你的礼物是一个幸福的家庭。这个礼物你收到了吗？"
儿子："收到啦！哎，不对，你是不是想用这个礼物混过去呀？"

一年前，这样有温度的对话是我想都不敢想的。我和老公自孩子小学时开始异地，夫妻之间缺乏有效的沟通，经常一言不合就吵架。在这样的环境下，孩子自初二下学期开始厌学，我们采取了逼迫的方法，导致孩子彻底不去学校了。每天紧闭房门日夜颠倒玩游戏，拒绝和父母沟通。

经过和 Echo 老师的学习和个案咨询，现在夫妻关系转好，孩子也眼看着被我们用爱一点点捂热，逐渐变得温和和温暖，也逐渐生出力量，提出复学计划。

已经对 Echo 说过太多次感谢。

是她，让我知道孩子厌学根源在哪里；

是她，让我知道我首先要做自己，其次才是一个妈妈；

是她，让我知道一个健康的家庭是什么样的；

是她，让我体会到家是什么，幸福是什么；

是她，让我体会到爱是什么，尊重是什么；

是她，让我明白接纳是什么，相信是什么，而力量又是什么。

一切的一切，都慢慢在现实中得到了验证，而我，屡屡惊叹——Echo 太牛了！最后，作为文字工作者的我，竟然词穷，以至觉得写了这些还是无法表达万一，服气！

元点学员 MQ

2024 年于上海

家庭氛围从剑拔弩张到平和安宁

我是一位来自上海的妈妈，是在居家学习期间认识了 Echo。彼时，14 岁的女儿成绩下滑，沉迷游戏，亲子关系紧张，冲突不断，同时孩子出现睡眠障碍、情绪问题，最终抑郁，厌学躺平。孩子的抑郁躺平一下子把我打懵了，那个从小优秀乖巧、聪明伶俐的女儿不见了，取而代之的是令人生畏的"恶魔"。

经过和 Echo 老师近一年的学习，我重新审视了自己和家庭环境，在 Echo 老师的指导下首先修复亲子关系，家庭氛围从原先的剑拔弩张到如今平和安宁，亲子关系有了很大改善。孩子从几个月闭门不出到现在经常主动要求和妈妈一块去公园和超市；去驿站拿快递；愿意和妈妈分享自己的快乐时光和好玩的游戏；可以和妈妈聊一些心里话。

随着问题一点点瓦解，我也深刻认同了 Echo 老师说的：孩子的问题一定是在更早期的时候家庭系统出了问题，我们现在遭受的问题都是过往混乱的曾经结的"果"。

Echo 老师经常把一个家庭比喻成一个池塘的生态系统。孩子作为池塘中抵抗力最弱的"小鱼"，率先发出了求救的信号，用看似青春期的不良行为表达出这个快要掩盖不住的事实："请你们大人停下来看一看我，我们这个家再这样下去不行！"她总是用非常浅显的方式让我们懂得孩子行为后面真实的心理原因。

我就这样每天学习，从高控而不自知的状态慢慢能看见自己，看见他人。孩子也感受到了我的变化，对我说："如果两年前我有这样的妈该多好！"是的，我看见了，并不是女儿变成"恶魔"，而是我自己的心魔作祟。

先把孩子养亲了再谈教育，我们要的真不是考试机器，而是灵动鲜活的生命！感谢 Echo 老师的团队给予我们的力量与帮助，当我听说 Echo 老师要出版这本书，我第一时间送出祝福，希望更多父母能看到这本书，让更多的孩子受益。

元点丁丁家长

2024 年于北京

想把女儿养得更优秀却适得其反

　　我经历过两段婚姻，第一段婚姻有了大女儿，第二段婚姻有了小女儿，老公也是再婚，带了一个女儿，比我的大女儿小两岁。由于我本人事业一直比较顺利，赚钱能力不差，社交能力也很强大，就导致我跟前夫分开后，憋着一股劲儿要把大女儿养育得很优秀。

　　小学时，即使她不愿意也听我的安排，钢琴、英语、画画……但她并不是会逆来顺受的人。到了青春期，她疯狂爆发。我也更疯狂，会打她，骂她，想不明白这个小孩怎么变成这样。

　　我们纠缠了很久，痛苦无以复加。在2022年12月，我加了好友但是没有去深入联系的Echo老师发了微信问我要不要进学习群。放在以前，我会认为我不需要什么亲子教育，那些都是无病呻吟，故弄玄虚。但那个时候，正是我最痛苦绝望的阶段，对自己产生深深的怀疑。于是我毫不犹豫地进群了。

　　经过一年半的学习，我逐渐转变，从开始的"就想知道女儿是怎么了""认为都是她的问题"到后来慢慢发现是我的问题，再到如今发现还有整个家族的问题。原来女儿是在替我表达、反抗。我的内在小孩其实有不满，有不被允许。

　　跟着Echo老师学习变得越来越有趣，女儿也慢慢好起来。我终于明白为什么Echo一遍遍呐喊：先把自己整明白吧，别去折腾孩子了！

　　说到底，来这人世一遭，每个人都有每个人的路和坎儿。我们不要去挡孩子的路，先把自己的路走明白。孩子的摔跤都是孩子人生必修课。我们以为我们可以帮孩子规避，但大多数时候，是我们自恋型人格搅动着孩子本自具足的生命。

　　衷心谢谢你，Echo老师！感恩遇见！

元点学员　Jane
2024年于广东

隐形的高期待，让孩子不堪重负

作为妈妈，我对孩子有许多隐形的高期待。有多隐形呢？甚至都骗过了我自己。可是孩子有他灵敏的小触角，能探知到父母深藏的潜意识。他说："妈妈我知道你对我的期望比我对自己的要求更高。"我却还蒙昧地任由惯性推着自己也推着孩子往前走。终于，2023年9月的一天，他不堪重负，用不去上学这样激烈的方式做出了反抗。

我几乎被击垮了。焦虑、恐惧和巨大的羞耻感席卷了我，整个家庭氛围都是低落沉闷的。孩子会好吗？他将来不会养活不了自己吧？他不会一直啃老吧？他如果走了歪路该怎么办呢？孩子这样，我都没脸出去见人了！我太失败了……我到底该做点什么，才能把孩子推回学校？

同年10月在小红书刷到Echo的视频，一边每天听直播，一边回看以前的直播内容，做了很多笔记，感觉看到了黑暗中的一线光。于是，上闭门课，上深度营，约个案，一步一步，把目光由孩子身上收回，转向自己，转向内心，开启了自我成长的路。

比孩子变化更重要的是，我自己的变化特别大。我不再盲目焦虑，没有那么多对于未来的恐惧了。从家庭再次踏入职场，生活也越来越有激情。最大的变化是，我活得越来越真实自洽，跟队友的关系也更好了，整个家庭的氛围变得更向上，更活跃。

做一个青春期躺平孩子的父母，是有巨大的挑战。这个挑战，不光是孩子为了得到自主权会跟你对着干。更难的是，当你鼓足勇气去探索孩子躺平背后的真相，却看到自己居然是造成这一切的源头时，那种痛苦和自责，夹杂着对孩子的心疼和愧疚，简直要把你淹没。幸而在Echo的指引下，我一步一步，慢慢向岸边走去。改变自己，才是唯一正确的路。一个孩子的青春期，一个家庭的觉醒期。

元点学员慢慢
2024年于湖北

妈妈高控，爸爸隐身的家庭需要觉醒

2022 年底，孩子不断出现胸闷气短，身上过敏的情况，多次去医院也没有找到原因，后来在医生的提醒下让我们去精神卫生科看看，孩子可能出现了心理问题，身体上的问题与心理反应有关。

除了身体反应，孩子在学业方面也出现了严重拖延，情绪焦虑的问题。经常很晚都没有写完作业，一边不想写，一边又怕作业写不完担心老师责备。

晚上睡不着，白天上课犯困，考试前期非常焦虑，担心考不好，怕老师批评，同学嘲笑，脾气非常暴躁，同学关系也不是很好，非常在意老师和同学的评价。一系列的问题出现得都很集中，可能早期出现问题时我们也没有关注到。

2024 年 2 月正式办理休学，在家期间日夜颠倒，手机不离手，疯狂迷恋二次元周边，个人消费明显提升，控制不住地购买周边，用消费的方式达到一时的快感。

我是一位高控的妈妈，因为自己的高控，对孩子从小到大要求都很高，只看到孩子的不足，希望她有更多进步，却看不到孩子的好，孩子在妈妈身上感觉不到爱。

爸爸一直是旁观者，虽然觉得妈妈做得不对，但也无力帮助我们。甚至遇到我和闺女发生冲突时，他的怒火更大，让孩子觉得更没有安全感，因为爸爸妈妈没有一个能理解她的。

2024 年 2 月 14 日，在我感到对生活都无望的情况下，我遇到了 Echo 老师，看了老师的很多视频，我能感受到她对于出现问题的这些孩子的爱绝不少于我们父母，她是发自内心在呐喊着，让我们这些沉迷在自己错误思维中的父母觉醒起来，真正做到看见自己的孩子。

我首先通过老师的闭门课了解孩子发生这些问题的底层逻辑，然后再通过父母课堂不断地去学习与孩子的相处方式及了解孩子行为背后的诉求，学会慢慢看到孩子；自己也在与 Echo 老师的个案和深度营不断地探索自己，让自己发现本自具足的力量。夫妻之间也变得相互理解、关系融洽，遇到问题可以沟通，对方身上犯的错误也可以直接指出，也愿意为家庭去改正。

　　我们和孩子的关系也融洽了许多，虽然可能还有偶尔不理解孩子的行为，但事后会一起分析，慢慢地学会发现孩子身上的优点。

　　在家庭环境变化后，孩子慢慢地学会控制情绪，情绪周期变得很短了，消费方面目前也有所规划，虽然还会花超，但是会控制自己不乱花。

　　通过这几年的改变，我深刻理解了孩子有自己的舞台，作为父母我们不应该站在别人的舞台去指手画脚，我们只要做那个爱她并永远支持她的父母就好了。当孩子遇到困难时，告诉她："爸爸妈妈在的，永远都在的。"对孩子的放手，并相信孩子！

元点学员云云

2024 年于安徽

孩子的真实心声

最近我感觉妈妈对我放手了很多，这是她在参加了父母训练营之后最大的变化。放手不是"散养不管"，而是一种行为和精神上控制的减弱。

在这之前，很多事情我妈会在我思考出解决方法前，就给出她的应对方法，还以一种"我没有强迫你，但是我就是在强迫你"的态度，去帮助我解决。

现在她会试着放手，让我自己尝试去思考，而她只负责让我知道我背后有依靠，无论遇到什么事都会做我的后盾，让我可以放心地去做任何事情。就像 Echo 老师说的一样，任何行为都是被允许的。

然后我发现，很多时候我也开始有能力去应对更多事情，不管是学习还是和同学之间的矛盾抑或是生活中遇到的问题，我都有去应对的方法。

我开始学会释放我的情绪，哭、骂、发泄，我开始明白，原来我所有的情绪所有的想法都可以表达出来，我妈的情绪很少再因为我的情绪波动而波动（长舒一口气，天天照顾我妈情绪也挺累的），现在至少感觉一切都回到了正常的轨道上，精力能够得到合理的释放和休整，活得不心累。

虽然有的时候我妈还会"旧病复发"，但是相比一年前已经好很多了，至少现在我可以拿出 Echo 的理论：你现在这样……然后就开心地发现我妈改得还挺快！（嘻嘻）

于是我就从最开始的自我封闭只想待在学校不想回家的人变成了活泼开朗小女孩啦！（至少不舒服的时候知道往家跑）希望我妈可以继续好好学习天天向上，这样我就有更广阔的天地啦！

家长反馈

孩子化名：小 W / **年龄：14 岁** / **性别：男** / **所在城市：内蒙古**

基本情况： 与一双儿女关系一度很糟糕。儿子经常因为手机与爸爸大打出手，因为学习我们也会经常骂孩子。孩子对于人际交往和学校出现畏惧情绪，遇到不如意就会锁上门打自己或打墙。爸爸还会扇自己，我也会和爸爸吵架，儿子和女儿有时也不说话，儿子有时会在被打后离家出走，孩子爸爸酒后还把孩子赶出家门。

现在状态： 认识 Echo 老师后，我学会了感受爸爸的爱，他很爱我和孩子们，我和老公不再吵架，我看到了孩子爸爸。孩子爸爸减少了喝酒的次数，空闲时我们一起玩，孩子爸爸开始融入我们三个当中，不再被我们孤立在外。儿子开始想着去投资开店，给家人做美食，帮忙取快递。女儿开始从自己的卧室走到客厅，开始提出要吃美食的要求，开始和我们出去旅行，开始想约同学出门。

家长感悟： 我们需要让自己先有营养，活好自己，才能有能量提供给孩子。当我们开始成为我们自己，成为阳光时，才能照亮自己的生活和周围人。

孩子化名：KIKI / **年龄：13 岁** / **性别：女** / **所在城市：广州**

基本情况： 孩子从 2023 年五一劳动节后就退学在家不愿去学校，刚开始锁门不愿意跟家长沟通，整天手机抱在手，日夜颠倒打游戏，半夜会肚子疼得很厉害。爸爸有一段时间外出工作没回家，妈妈一人带娃，感觉像丧偶式育儿，怨气十足，几乎离婚。爸爸从孩子懂事开始极少跟孩子沟通说话，连和孩子讲一句话都需要妈妈去转达，也不敢进孩子房间，跟孩子有比较严重的隔阂。

现在状态： Echo 老师告诉我，夫妻关系大于亲子关系，这点对于我的启发真的太大了。当我接受 Echo 老师的指导，逐步把夫妻关系修好时，亲子关系也跟着好转了。爸爸不再通过我去转达，会直接跟孩子沟通，孩子也学着和爸爸沟通。

父母感悟： 一个家庭系统真的像一池鱼塘，如果其中一条鱼出现问题，大概率就是这个鱼塘的生态出现问题。重要的是有针对性地解决问题，而不是逮住有问题的鱼来解决，或者放弃任何一条鱼再去重新养。

孩子化名：黑米 / 年龄：14 岁 / 性别：男 / 所在城市：上海

基本情况：孩子不愿意和父母沟通，有敌对情绪，伴随不想上学的情况，父母不理解孩子为何会这样。

现在状态：孩子愿意跟父母表达自己的想法，父母也能共情到孩子的困难和感受，亲子关系改善很多，家庭氛围变好。

父母感悟：感恩遇见 Echo 老师，她带着我一步一步了解我的孩子为什么会在 13～14 岁出现这些状况，让我知道什么是真正的青春期，这不是简单的叛逆，而是唤醒，唤醒爸爸妈妈的爱，开始把孩子当成一个独立个体来尊重。

孩子化名：小 A / 年龄：14 岁 / 性别：男 / 所在城市：北京

基本情况：孩子沉默、抑郁，惧怕去上学，不愿与人沟通，迷恋网游。妈妈焦虑急躁，对孩子、丈夫都感到无比失望。

现在状态：欢乐的气氛时常在家庭中萦绕，和谐温馨的感觉非常强烈。妈妈带动爸爸，两人都对孩子更有耐心了，更重要的是全家都对未来充满信心。孩子感到轻松自如，自己开始对生活有了掌控，兴趣也从网游开始拓展到其他方面。

父母感悟：孩子用行为来提醒爸爸妈妈的心出了问题，很庆幸 Echo 老师教会我接收到了这个信息。通过学习、改变，拓展认知，我睁开了之前被"问题"蒙上的眼，看到了自己和孩子内心真正的需要。从需求出发，很多以往的问题就不再成为问题。

孩子化名：小 J / 年龄：15 岁 / 性别：女 / 所在城市：上海

基本情况：孩子抑郁自伤，频繁请假不愿意去学校，后发展成彻底不上学，沉迷游戏，亲子关系淡漠，无有效沟通。

现在状态：孩子与父母间多了一些亲昵互动，可以进行正常的沟通，愿意跟父母一起外出就餐。家庭环境相较之前温馨、平和，在家吃饭时能一起说说笑笑。夫妻关系更加亲密，偶尔孩子还能跟我们聊聊过往发生的伤心事。

父母感悟：孩子虽然来自父母，但他们又是一个个不同于父母不同于任何人的独立个体。父母如果更多的是想控制这个生命如我们所愿地去成长，势必遭到来自孩子的反抗。孩子的人生属于他们自己，让我们带着祝福稳稳站在他们身后目送他们到茫茫人海中。

孩子化名：小张 / 年龄：16岁 / 性别：女 / 所在城市：山西

　　基本情况： 孩子进入高中不到一个月开始频繁请假，然后居家学习期间开始了躺平生活，不想上学，害怕回到学校，情绪障碍，随后办理了休学手续。在休学之后的日子天天沉浸在手机里，不和家人沟通，不愿意出门，全家茫然失措，每个人都沉浸在悲伤、痛苦、无助之中。

　　现在状态： 休学一年后重返校园，虽然经历多次反复，但已经在越来越好的路上，开始了新的学校生活，结识了新的同学朋友，内在也逐渐成长起来，家人之间的关系也融洽了，父母和孩子之间也形成了正向沟通。

　　父母感悟： 青春期的孩子出现了"问题"，家长要重新审视家庭以往对孩子的养育方式。我们要做的不是去改变孩子，而是要先反思自己，成长自己，把自己理顺。

孩子化名：小C / 年龄：14岁 / 性别：男 / 所在城市：浙江

　　基本情况： 孩子出现厌学情绪，变得叛逆，母子关系紧张。

　　现在状态： 孩子愿意说出自己的内心感受，也会去复盘自己的经历和情绪变化，母子之间从剑拔弩张变得相对平和。

　　父母感悟： 妈妈需要意识到并承担起自己的责任，不再赖在和孩子的关系里，从行动上的后撤，到内心上划清边界，再去找寻自己的热爱，活出自己的生命。相信孩子会探索着成长起来，成为能发光的人。

孩子化名：小乐 / 年龄：17岁 / 性别：女 / 所在城市：杭州

　　基本情况： 妈妈偏执、高控、焦虑，爸爸缺位，老人过度干涉，家庭环境混乱，孩子叛逆、厌学，亲子关系恶化。孩子的叛逆曾经对整个家来说是灭顶之灾，生活都无法继续。

　　现在状态： 家庭系统稳定，各成员之间慢慢学会建立边界，保持边界感。父母之间能心平气和地沟通，相互尊重和爱护，家庭环境相较之前温馨、平和。和孩子也可以进行正常的交流。

　　父母感悟： 曾经认为孩子的叛逆都是孩子的问题，经过长达3年的时间不断地自我学习才明白，这是父母甚至整个家庭系统出了问题。只有当我完整地成为我自己，完善自己的人格，才能进一步解决孩子的问题。

孩子化名： 苹果 / 年龄： 14 岁 / 性别： 女 / 所在城市： 北京

　　基本情况： 父母不松弛，对孩子生活、学习包办过多，家庭氛围不积极乐观，孩子抑郁、厌学。

　　现在状态： 父母开始关注自身心理成长，夫妻感情变好，家庭环境相较之前更温馨、平和。放手让孩子自己去做她想做的事，孩子状态总体平稳。

　　家长感悟： 各种关系中最重要的是自己和自己的关系，其次是夫妻关系，再次是亲子关系。每个人都是独立个体，允许自己做自己，也允许别人做别人。

孩子化名： 小 Q / 年龄： 16 岁 / 性别： 男 / 所在城市： 成都

　　基本情况： 孩子因为焦虑抑郁、睡眠障碍、厌学等问题，无法继续学业，办理了休学。我和老公焦虑失眠，状态非常糟糕。

　　现在状态： 认识 Echo 是在 2023 年 4 月孩子休学前，我整个人是无助抓狂焦虑的，后来进入了充满爱的有能量的学习大家庭，感受到了被允许、被包容，我的状态渐渐地好起来，不再一天到晚盯着孩子，而是更多地把精力放在自身的成长和亲密关系调整上。老公也在我的带动下调整自己，关注当下，积极健身。我们的家庭环境相较之前的焦虑不安也更温馨、平和，家庭成员也更加关爱理解对方。

　　父母感悟： 孩子的问题不是一朝一夕形成的，家长不能一味地把问题归咎到孩子身上。在不明白该怎么做的时候，首先必须明确一个核心： 出现问题是跟孩子一起解决问题还是跟问题一起解决孩子？

孩子化名： MM / 年龄： 17 岁 / 性别： 女 / 所在城市： 重庆

　　基本情况： 孩子遇到校园欺凌，退回家里后全面爆发，出现抑郁焦虑、自杀倾向。

　　现在状态： 家里边界感逐渐清晰，爱和规则并行。

　　父母感悟： 感谢孩子的"叛逆"，让我们停下来思考、学习。一直以来自以为是地让孩子活在我的高控之下。我需要先改变自己。不可否认我们是爱孩子的，但我们需要学习怎么正确地表达爱，需要学习怎么滋养孩子，让家庭有爱流动。在这个蜕变的过程中，我看到自己，当出现状况时不再偏执地认为是孩子的问题，而是可以很快觉察到自己的问题，能看到孩子已经做到的部分。